巻頭グラビア ● **村山 斉** 東京大学国際高等研究所カブリ数物連携宇宙研究機構 機構長

子どもの頃の好奇心を情熱に替えて宇宙の謎に挑む

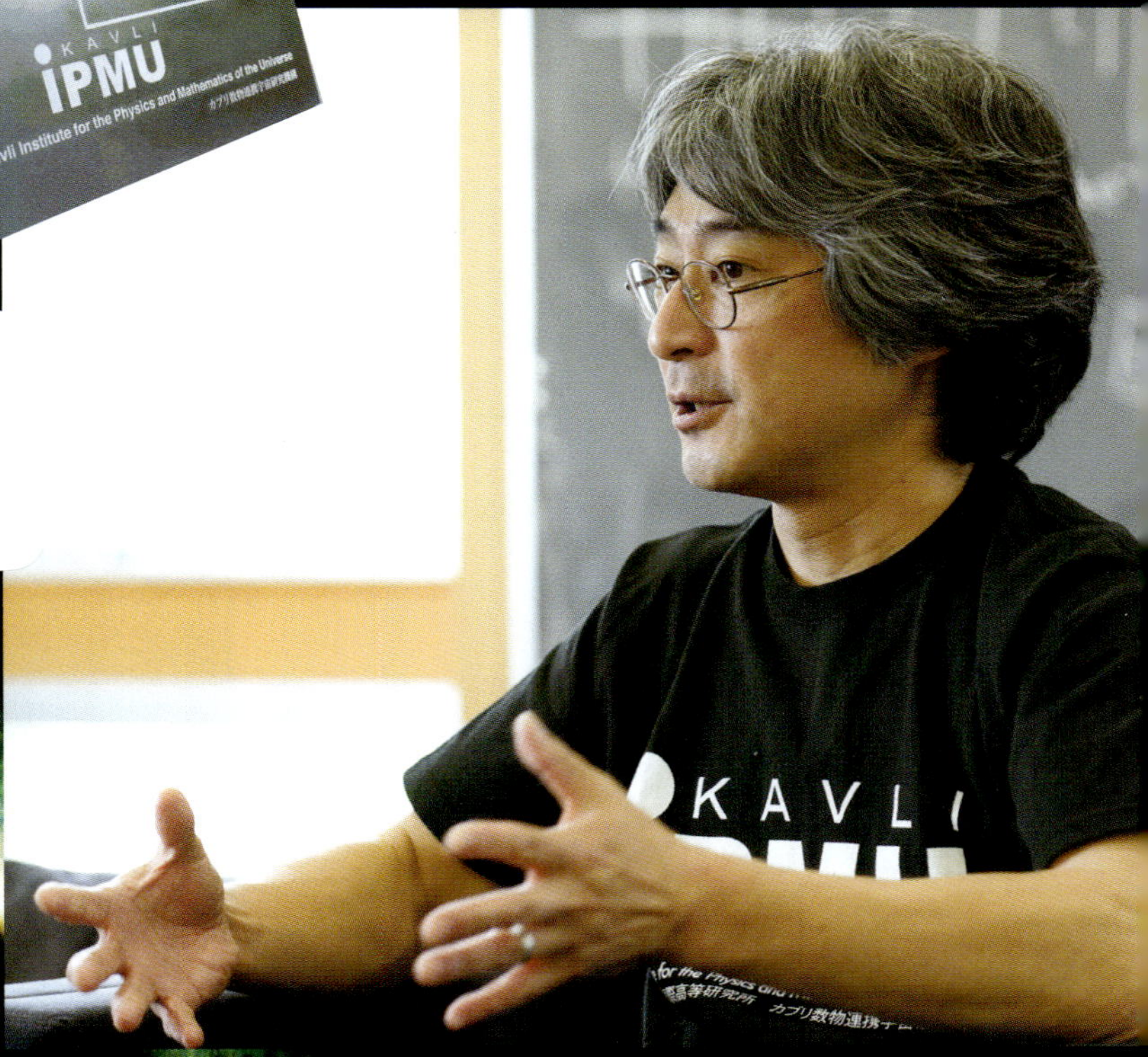

「宇宙はどのように始まり、何でできているのか？」「宇宙はどのような法則で動き、これからどのような運命を迎えるのか？」そして、「私たちはなぜ、この宇宙に存在するのか？」――。

カブリ数物連携宇宙研究機構（Kavli IPMU）は、こうした宇宙への人類共通の根源的な疑問に答えることを目的として、2007年、文部科学省が設立した世界レベルの研究拠点だ。

天文学・物理学・数学など異分野にまたがるトップレベルの研究者を世界から集め、大がかりな実験や観測、さまざまな手法を駆使して、宇宙の謎に共同で取り組んでいる。

村山斉氏は素粒子物理学を専門とする研究者であり、Kavli IPMU設立時から機構長を務めている。

ご自身の子ども時代を通して、どのようにしたら子どもたちが算数・数学のおもしろさに気づくことができるのかについて、話をうかがった。

ポイントは、❶好奇心を刺激するきっかけづくり、❷わからないことを放置せず、一緒に解明する環境、❸ゆっくり考える時間、❹数学と自分のつながりを知ること、だという。

それから話は、自分たちのすみかである宇宙について、宇宙と数学との関わりへと広がった。

構成 編集部・写真 菊池 聡

Kavli IPMU 外観。

巻頭グラビア ● **村山 斉** 東京大学国際高等研究所カブリ数物連携宇宙研究機構 機構長

子どもの頃の好奇心を情熱に替えて宇宙の謎に挑む

まず、「これはおもしろい」と感じること

子どもの頃は喘息だったので、よく学校を休んで家にいました。小学2年のとき、そんなふうに家にいて、偶然見た数学のテレビ番組が今も記憶に残っています。

テーマは「無限級数は収束する」。無限個の数字をたしても、答えは1つの数字になるというもので、落語仕立ての演出がなされていました。長屋の八っつあんが豆腐屋に行き、豆腐を1丁買い、豆腐屋の店主におせじを使って、半丁おまけをしてもらいます。八っつあんがさらにおせじを言うと、「その残りの分量の半分もおまけをしよう」ということが何度もくり返されて、最後に店主が「残りを全部あげよう」と言います。八っつあんはそれを聞いて、「これで一生豆腐には困らない」と思うのですが、手もとには2丁の豆腐しかないというお話です。$1+\frac{1}{2}+\frac{1}{4}+\frac{1}{8}$……とたしていくと、合計は2。そんなに多くの数字をたしても、答えが2だということに、とても驚きました。筋書きや演出がおもしろかったこともあって、この番組をきっかけに、算数を好きになりました。父にこの話をすると、中学と高校の参考書を買ってきてくれて、小学生で微分積分を理解するように。子どもの頃の豊かな時間があったからこそ、できたことでした。

小学生の頃、もう一つ算数のおもしろさに驚いた経験があります。分数を小数で表すと、ある分数は循環小数となり、同じ数字の列が無限にくり返されます。何桁めからくり返されるかは、分母の約数になっています。たとえば、$\frac{2}{7}$なら7桁めからくり返される。どうしてだろうと素朴な疑問をもちますが、これは成長すると証明できる問題です。数字のくり返しは不思議であると同時に、「美しい」と実感しました。

子どもたちの疑問に対応するには時間と手間がかかります。しかし、それがなければ、人間らしい好奇心や興味を育てることはできないはずです。

好奇心が旺盛だったのか、私は小さな頃から「どうして？」と質問することが多く、それに対して父は面倒なそぶりも見せずに、ていねいに答えてくれていました。父は半導体の研究者で、科学に関する質問には即答してくれましたし、自分の専門以外は本を買ってきてくれました。

その1冊に、数学に関する逸話集がありました。「ガロア理論」で知られるエヴァリスト・ガロアは恋人とのいざこざによる決闘で死亡、先生の机の引き出しに眠っていた論文が脚光を浴びるのは数十年後のことでした。ピエール・ド・フェルマーは、「フェルマーの最終定理」を本の余白に提示。その証明には300年以上を要しています。また、アルキメデスは、公衆浴場で湯があふれる様子から体積の測定方法を思いつき、興奮して裸で浴場を飛び出したというエピソードがありました。数学者たちのユニークな人物像にひきつけられました。

わからないことは一緒に考える、やってみる環境を

少し大きくなると、「これは何だろう？」「どうしてこうなるんだろう？」と感じたことは、そのまま放っておかないで、親や先生に質問したり、図書館などで調べるようになりました。人間の好奇心や探究心は、「これはおもしろい」と心を躍らせた瞬間の体験から生

緑が広がる屋上。

異分野の研究者がティータイムで交流することで、新しい発見が生まれることも。

Kavli IPMU 玄関。

まれます。おもしろがる、考えるきっかけを私は「フック」と呼んでいますが、フックを提供し続けることが、先生や親の役目ではないでしょうか。現代の子どもたちは、インターネットの検索などによって、自分で一歩踏み込んで世界を広げることができます。

先生やおうちの方も、子どもたちの素朴な「どうして」を放置せず、「一緒にやってみよう、考えてみよう」という姿勢で、その好奇心を探究心へと育てていただきたい。一緒に行動できなければ、私の父のように本を渡してもよいでしょう。子どもたちの「わからないけれど知りたい」という気持ちは、すぐに対応しなければ、ほかのことに紛れて消えてしまいます。大切なことは答えを教えるのではなく、自分で考える過程を体験させる、その機会を与えることです。

ゆっくり考える時間と、自分との関わりを知ること

子どもたちが自分で考えたり、調べたりするには時間がかかります。今の子どもたちはいつも何かをやっていて、ゆっくり考える時間はなさそうです。しかし、子どもたちの好奇心が育つにはゆっくりした時間が必要です。プロの研究者にとってもそれは同様で、考える時間がなければ、世界のどこにも存在しない発見に到達することなどできません。

さらに、子どもたちが算数や数学に興味をもてない理由に、「こんなことをやって何の役に立つんだろう」「何のためにやっているのだろう」という疑問があります。これには、算数・数学で導いた数字を自分に引き寄せ、自分との関係性を知らせることです。たとえば、中学で学ぶ素因数分解は通信に使われている暗号技術の基礎に、高校の指数関数は家のローンに、微分積分は株の予測に使われています。算数・数学が身の回りでどのように役立っているのかを教えることが、子どもたちの学びのモチベーションを上げ、意識を変えていくはずです。

小学生のとき、複数の直線を重ねていくことで、放物線が描けることを知りました。数学のもつ美しさにはじめて触れた瞬間でした。

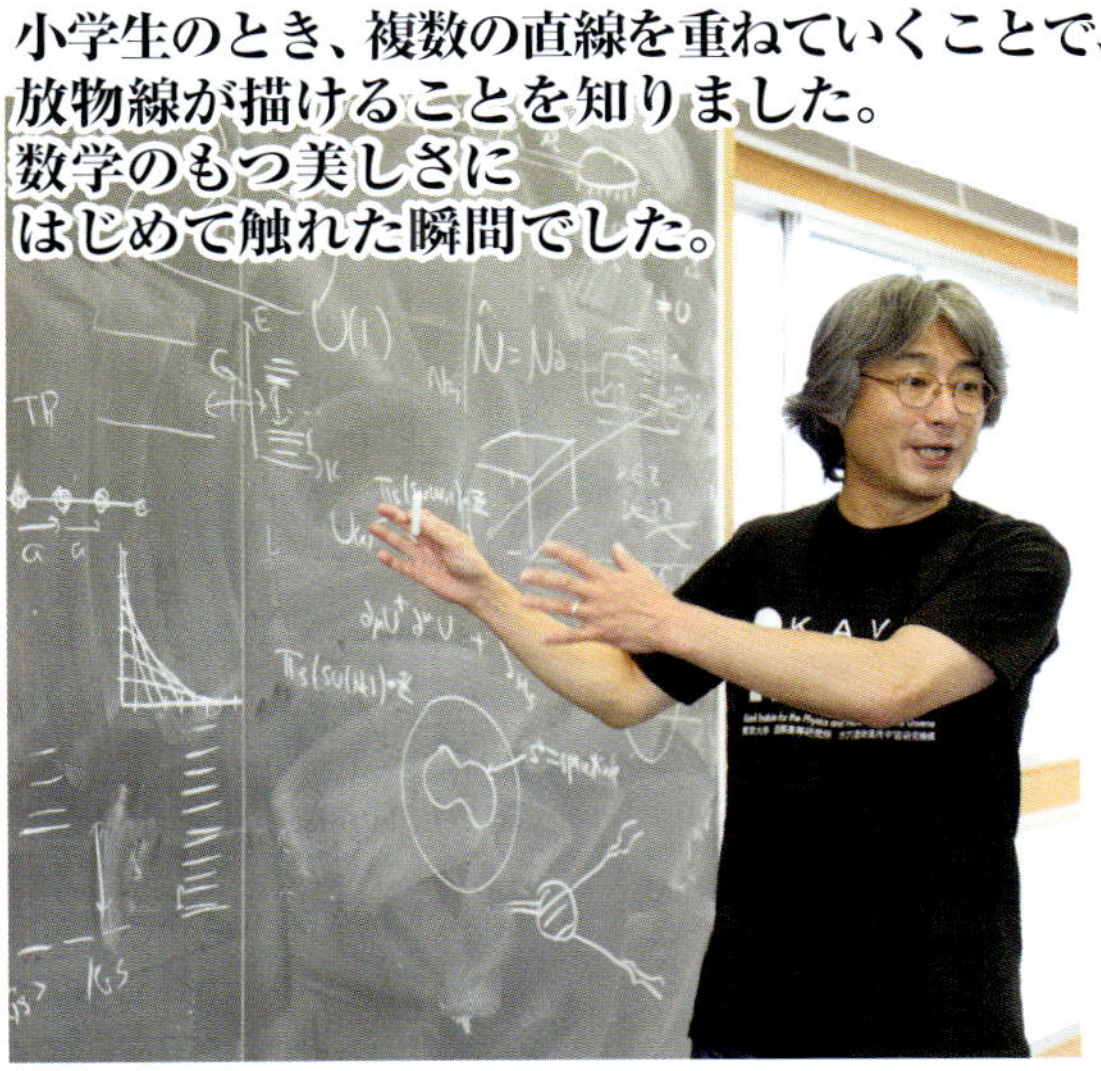

子どもの頃の好奇心や興味を維持し、能力として育てるには、さまざまな形の刺激が必要で、それがなければ、途切れてしまいます。日本の社会が子どもたちにそうした優れた環境を提供できれば、理系に進む子どもが増えるでしょうし、数学者や科学者が育つでしょう。社会を支えるには、さまざまな分野の専門家が必要ですが、今後は科学や数学の知識を備えた専門家を必要としています。

研究者が学んだり、研究を続けたりするエネルギーは「情熱」です。これを維持するには、「絶対に知りたい」という気持ちが、それ以前に十分に育っていることが前提となります。学校教育は研究者を育てることが目的ではないので、そこまでの熱量を育む環境は必要ないのかもしれません。しかし、「勉強しなければならない」を「勉強し続けたい」に変えることができれば、教育の現場は今とは違ったものになるでしょう。

子どもたちが算数・数学の授業で、「おもしろい」と体感し、無機質な算数・数学に美しい何かが隠れていたり、社会で役立っていたりすると気づくような体験をするために、私たちができることはないでしょうか。教育の専門家である先生たちと研究者たちが協力するシステムをつくり、算数・数学のおもしろいトピックス集をつくることができるか

子どもの頃の好奇心を情熱に替えて宇宙の謎に挑む

宇宙についてわかりやすく解説する著書の一部。

もしれません。

実際に今、Ｋａｖｌｉ ＩＰＭＵでは、宇宙の謎などをテーマに、研究者のアイディアを盛り込んだ教材で、先生から子どもたちに物理の楽しさを伝える授業を展開できないか、試行しています。算数・数学でも同様の方法が進められないか、考える価値はありそうです。

宇宙の不思議と、そのはじまりにある数学

宇宙の魅力として、神秘性を挙げる方が多いかもしれません。しかし、私にとっての宇宙は人間にとってのすみかです。宇宙の歴史は、この時点でこれが起きなければ自分は存在しなかったという出来事が数多くあります。その事実を知ると、宇宙は遠い存在ではなく、自分自身であり、故郷であり、今後自分がどうなっていくのかも、宇宙で決まっていきます。そういうつながりを理解すると、宇宙は身近で、興味をもたざるを得ない存在となります。

さらに、宇宙の歴史をさかのぼると、人間は惑星の運動によって宇宙を知りました。そうした意味で、宇宙は数学と密接に関わっています。

遠くの星を見ていると、季節ごとに軌道は変わりますが、東から西へ移動します。一方、近くの惑星は軌道が一方向ではなく、逆行して戻ります。これが「惑わす星」と名づけられた理由です。子どもたちが毎日惑星の動きを観測して、位置が昨日に比べて戻っていることを知ったら、なぜだろうと疑問をもつでしょう。そうした疑問が太陽系の模型をつくるきっかけとなり、天動説が地動説に変わり、ガリレオ、ニュートンの発見へとつながっています。

宇宙と数学の関わりについて、さらに例を挙げます。惑星が星のまわりをぐるぐる回ると、惑星も星を引っ張っているので、星は少し揺れます。その揺れ具合を観測することで、遠くの星に惑星があるかどうかがわかります。

また、海王星や天王星は、周囲の惑星の動きを観測していて、予測された軌跡との差から数学で位置を割り出して、発見に至りました。実際に、星や惑星の運動を記述しようとすると、数学の力を使わなければ不可能だということに子どもたちが気づけば、算数・数学への興味は喚起されるのではないでしょうか。

子どもの頃の「わからないことを解き明かそう」という情熱が、私を研究者として、宇宙の謎を解明しようとする今の場所にたどり着かせたような気がします。Ｋａｖｌｉ ＩＰＭＵでは機構長も務めていますので、予算を集めたり、優れた研究者を世界中から集める仕事もしていますが、若い研究員たちが楽しそうに研究を行い、成果を出してくれると、やっていてよかったという気持ちになります。

日本の今後は、未来を構築する子どもたちを育てる先生たちにかかっています。大変な仕事ですが、教え子たちが育っていく姿を見ると、やりがいを感じられるに違いありません。それは、私が機構長を務めて感じていることと同じ。そういう喜びを励みに、子どもにおもしろいと感じさせる授業を日々実践していただきたいです。

冷却実験装置の置かれている実験室にて。地球上で試験が成功した段階で小型衛星に搭載する。

村山 斉●むらやま・ひとし●東京大学国際高等研究所カブリ数物連携宇宙研究機構機構長。専門は素粒子物理学。1991年東京大学大学院博士課程取得後、2007年より現職。

子どもを「育てる」
教師のチカラ
CONTENTS　季刊31号 2017秋

特集

「立式力」を育てる

算数文章題を解く

計算問題はできるのに文章題が解けない——。
なぜ、子どもは文章題でつまずくのでしょうか。
それは、文章を数式に転換する力＝「立式力」が
育っていないからではないか。
文章を数式に変換する「立式」とはどういうことか、
「立式力」をつける指導法とはどのようなものか、
子どもたちが文章題に出合ったときにどう考えればいいかがわかる、
文章題の指導法を提案する特集です。

「立式力」を〝独自の力〟として位置づけよ！

深澤 久● 教育サークル「深澤道場」主宰

1 20年前のレポート

「立式力」とは何か？

文章問題（文章題）を立式する力、つまり、文章を数式に転換する力である。

市販テストの文章問題ではほとんどの子が正しく立式できているから「立式力」はOK——こう考える教師は、実に甘い。

市販テストでは、何算にすればいいのかが簡単に分かる単元が多い。

例えば、単元「小数のかけ算」なら市販テストの文章問題はかけ算にすればいいし、単元「二桁のたし算」ならたし算で立式すればいい。

考えずとも立式できるわけである。

ところで、「立式力」という語は聞き慣れないかも知れない。が、私はかなり以前から「立式力」という語を使っていた。

当時のサークルに提出した私のレポートを以下に示す。

■■■

算数学力UPに向けて

1998年6月3日

1 現在、分数の割り算を行っている。一通り計算方法を教えた後、どう授業を行うか、である。

2
- ●授業の冒頭に文章題を1～2題出す。
- ●立式だけさせて、ノートを持ってこさせる。

立式で○《マル》をもらった子のみ、その文章題を解く。答えで○をもらった子のみ、教科書問題を行う。

3 流れとしては、以上のようになる。

冒頭に出す文章題に、実はポイントがある。

次のような1問を出す。

これで子どもたちの力がわかる。

正しい式は、$5\frac{2}{3} \times 4\frac{1}{2}$ なのだが、多くの子たちは $5\frac{2}{3} \div 4\frac{1}{2}$ と書いて持ってくる。

> 1Lの重さが $5\frac{2}{3}$ kgの米がある。この米 $4\frac{1}{2}$ Lの重さは何kg？

なぜか？

「分数の割り算」単元なのだから割り算に決まっている、という安易かつ無思考な子どもたちの態度があるからである。

ここを崩し、しっかりと問題文を読み、考える態度を育てるために、あえてかけ算の問題を出したのである。

別の日には、次のような2問を出す。

> ①1kmを $3\frac{1}{3}$ 時間で走る自転車がある。$7\frac{2}{5}$ kmを何時間で走るか？

> ②1a耕すのに $\frac{4}{7}$ 時間かかる。$8\frac{3}{4}$ a耕すのに何時間かかるか？

①はかけ算、②もかけ算である。

またある日には、①たし算、②割り算の問題を出す。

つまり、

> 四則入り混じった文章題を出す

ことである。

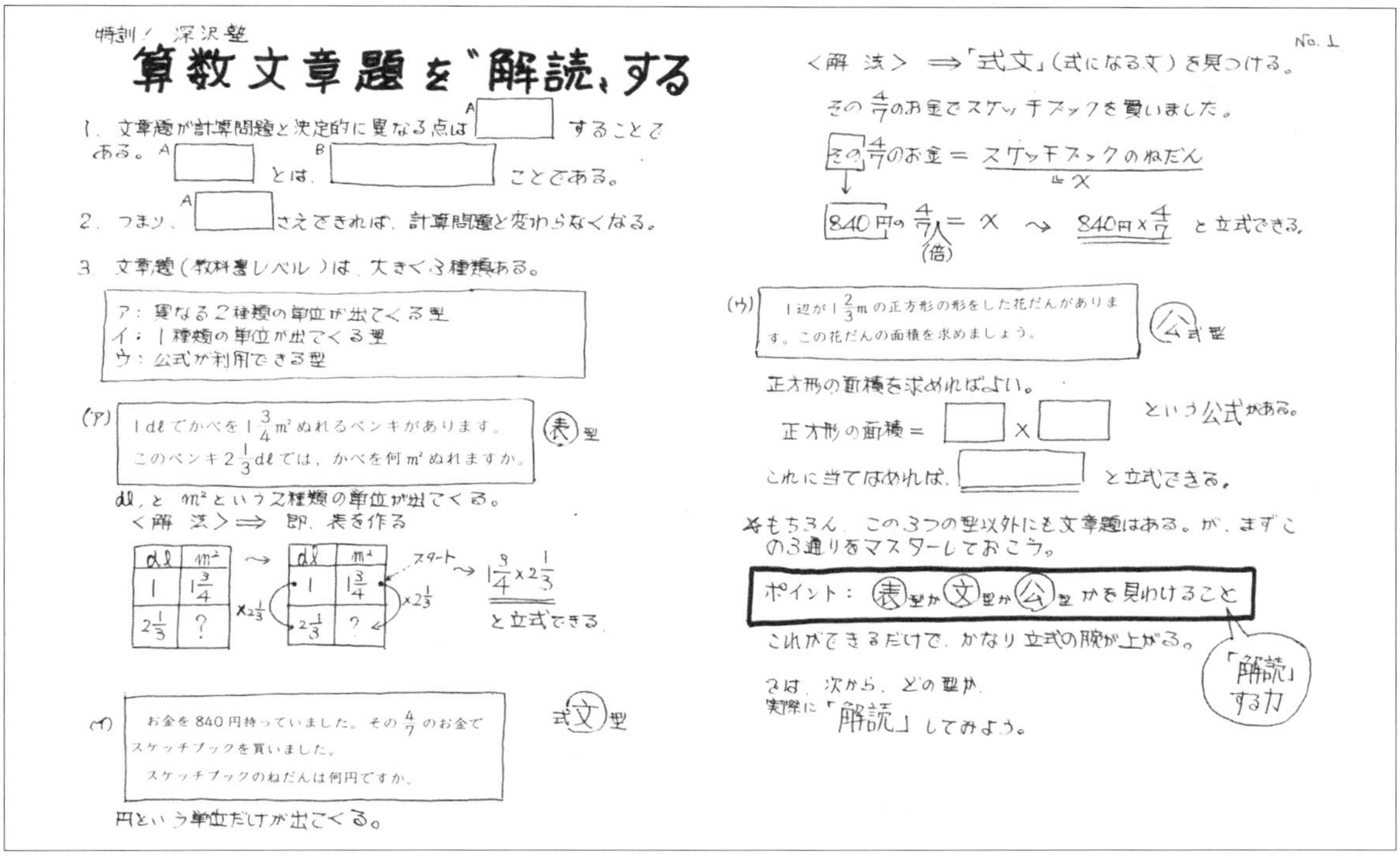

特訓！　深沢塾

算数文章題を〝解読〟する

No.1

1．文章題が計算問題と決定的に異なる点は[A]することである。[A]とは[B]ことである。

2．つまり、[A]さえできれば、計算問題と変わらなくなる。

3．文章題（教科書レベル）は、大きく3種類ある。

ア：異なる2種類の単位が出てくる型
イ：1種類の単位が出てくる型
ウ：公式が利用できる型

（ア）1dℓでかべを$1\frac{3}{4}$m²ぬれるペンキがあります。このペンキ$2\frac{1}{3}$dℓでは、かべを何m²ぬれますか。　表型

dℓとm²という2種類の単位が出てくる。

＜解法＞⇒　即、表を作る

dℓ	m²
1	$1\frac{3}{4}$
$2\frac{1}{3}$	?

×$2\frac{1}{3}$　スタート→　$1\frac{3}{4}\times2\frac{1}{3}$ と立式できる。

（イ）お金を840円持っていました。その$\frac{4}{7}$のお金でスケッチブックを買いました。スケッチブックのねだんは何円ですか。　式文型

円という単位だけが出てくる。

＜解法＞⇒「式文」（式になる文）を見つける。

その$\frac{4}{7}$のお金でスケッチブックを買いました。

その$\frac{4}{7}$のお金＝スケッチブックのねだん（＝x）

840円の$\frac{4}{7}$（倍）＝x　→　840円×$\frac{4}{7}$ と立式できる。

（ウ）1辺が$1\frac{2}{3}$mの正方形の形をした花だんがあります。この花だんの面積を求めましょう。　公式型

正方形の面積を求めればよい。

正方形の面積＝□×□　という公式がある。

これに当てはめれば、□と立式できる。

※もちろん、この3つの型以外にも文章題はある。が、まずこの3通りをマスターしておこう。

ポイント：表型か文型か公型かを見わけること

これができるだけで、かなり立式の腕が上がる。

「解読」する力

では、次から、どの型か実際に「解読」してみよう。

4　計算はできるが文章題ができない、という話をよく聞く。

これは、立式ができないのが原因である。よって、立式力を育てることが求められる。

そのために、4月の授業参観にて、別紙のプリント（2枚）を使って授業を行った。

今は、その定着を図っているわけである（上が別紙プリント1枚目。実物はB4判）。

■■■

プリントの2枚目は、「解読」練習。異なる型の文章問題を8題提示し、それぞれの型を書かせて立式させるようになっている（立式だけさせ、計算はさせない）。

例えば、次のような問題である。

広さんの組の男子の人数は21人です。これは、組全体の人数の$\frac{7}{13}$にあたります。組全体の人数は何人ですか。

米$4\frac{1}{5}$Lの重さをはかったら、$3\frac{1}{2}$kgありました。この米1Lの重さは何kgですか。

面積が24㎠で、横の長さが$6\frac{2}{5}$cmの長方形がある。縦の長さは何cmか。

2　「立式力」を育てるために

レポートの引用が長くなったが、私は「立式力」を、単元に関わる文章問題を解く力として捉えていない。単元を横断する・単元とは別の〝独自の力〟として位置づけていた。それゆえ、〝独自の分野〟として「立式」に特化した授業を行っていたのである。

先のレポートは6年生の実践だが、低学年・中学年でもできる。単元内容と無関係に既習の四則計算や数（整数・小数・分数）を使って立式できる文章問題を、授業の最初に1問出せばいい。単元「引き算」の時に、たし算で立式する問題を出すのだ。

さらに、月1回程度のペースで四則入り混じった10題程度の文章問題テストを実施していくと、「立式力」の成長がわかる。

文章題と立式力

志水 廣 ● 愛知教育大学名誉教授

文章題の意義

文章題とは、「文章（絵や図などを含んでいてもよい）で書かれた問題で、既習の知識・技能を適用し、思考力をはたらかせて解く、生活上の問題、または、構想された問題である」（清水静海・船越俊介、平成27年度『わくわく算数指導書　第1部総説』啓林館）と定義されている。

文章題の指導のねらいは、日常生活の場面で、四則を判断、立式し、計算処理をできるようにすることである。

さきの定義における「思考力」とは、文章題に含まれる要素を抽出して、そこから未知の答えを導き出すことである。加減の文章題では、部分と部分から全体を求めること、また、全体と部分を比較して残りの部分を求めていくことにほかならない。

書かれた文章から場面を想像していくこと、しかも数量の関係を想像していくことが文章題を解く大事な視点である。なお、日常生活での活用を考えた場合、3要素2段階程度の文章題、すなわち、式が2つ登場するような問題を解決できるようにしたい。

ただし、文章題の解決には立式だけに限定されない。図、絵、メモ、言葉、表なども立派な思考の表現手段である。式はそのなかの代表的なものと言える。和差算や鶴亀算のような文章題もあるが、本稿では四則計算に限定する。

方策1　たし算・ひき算言葉からの脱却

まず、さまざまな場面に遭遇させ、たし算言葉、ひき算言葉を増やすことはよいことである。次に、子どもは文章題を読んで、「あわせて」「ふえると」だからたし算、「のこりは」「へると」があるからひき算だと、形式的に判断する。

初期の指導はたし算言葉、ひき算言葉に頼るのもやむを得ない。操作やイメージの表現として、それらの言葉は否定できない。

しかし、それだけでは立式力はつかない。脱却も必要で、少しずつ変化させた問題に取り組ませたい。次の問題だと、立式に迷うことになる。

問題A　かるたとりで　そうたさんが　6まい、あさひさんが　3まい、ひろとさんが　5まい　とりました。3にんで　なんまい　とったのでしょう。
（『どの子もできる10分間プリント GRADE 1』授業力アップわくわくクラブ）

しき　6＋3＋5＝14　こたえ　14まい

問題Aには、「あわせて」「ふえると」というたし算言葉が入っていない。また、「3にん」という余分な数値が入っている。立式力のない子どもは、3までたしてしまうのである。

だから、実際の場面を想像する必要がある。子どもが理解できないときは、実際に演じて示したり、絵や図に描いたりして、全体の合計を求める場面であることに気づかせたい。

方策2　演算決定の場面を用意

本当の意味で、たし算かひき算かの演算を判断させるには、たし算とひき算の単元が終わったときに行うのが重要になる。

その場合、たし算かひき算かを判断させ

るのであるから、まぜた問題を提示したい。

第1学年の2学期には、次のような問題プリントを与えたい。①番…たし算の文章題、②番…ひき算の文章題、③番…たし算（またはひき算）の文章題という配列にする。

1問ずつ取り上げて、指導する場面を見るが、これでは立式力はつかない。

そこで、3問全部自力解決させて終わったときに、立式した理由について語らせるのである。それぞれの文章を対比させてこそ、立式力がつくようになる。

もしも、立式できなかった問題があったら、なぜ、わからなかったのかを振り返らせる。

方策3　3要素2段階の問題に取り組ませる

計算の範囲が拡張したら、そのつど、前の計算とがまじった問題をさせよう。

第2学年では、かけ算を指導する。既習のたし算、ひき算とかけ算をまぜた問題をやらせよう。

問題B　1まい9円の色紙を6まいと、80円ののりを1つ買いました。みんなで何円ですか。
（平成27年度版『わくわく算数2下』啓林館）

式 9×6=54
54+80=134　答え 134円

かけ算の学習が続いているので、思考がかけ算に慣れてきた子どもは立式に迷ってしまう。このとき、指導すべきことは、2つの場面が入っていることから、式は2つあることを知らせたい。また、このような問題の取り扱いは、時系列で区切らせる。

①はじめに、1まい9円の色紙を6まい（買いました）。
②つぎに、80円ののりを買いました。
③最後に、みんなで何円ですか。

場面を区切り、番号をつけると、問題が解きやすくなる。

文章題では、順思考の問題と逆思考の問題がある。日常生活では逆思考もあるので、ぜひ取り組ませたい。

方策4　図、絵、表などで連携を図る

四則計算の演算は、図や絵に表すことができる。線分図、面積図、関係図などは有効手段である。その際、子どもの思考を表す道具として、結びつけていくことである。

問題C　テレビとうの高さは90ｍで、これは百貨店の高さの3倍です。百貨店の高さは、学校の高さの2倍です。学校の高さは何ｍですか。
（平成27年度版『わくわく算数４上』啓林館）

第1の考え方は、テレビとうの高さから百貨店の高さを求めて、次に百貨店の高さから学校の高さを求めることで立式できる。

式 90÷3=30
30÷2=15　答え 15m

第2の考え方は、倍の倍という関係からとらえて、テレビとうの高さは、学校の高さの何倍に当たるかを考えて立式できる。

式 2×3=6
90÷6=15　答え 15m

倍の倍という関係は関係図にかけばわかりやすい。また、量の図として表すと6倍が見えてくる。つまり、量の図と関係図の併用が望ましい。

方策5　継続的に文章題に取り組ませる

筆者は、2年前『どの子もできる10分間プリント』という第1学年から第6学年までの問題集を作成した（授業力アップわくわくクラブ発行）。

その内容は、1番は計算問題、2番と3番は数のしくみ、図形、量の基礎問題、4番に文章題を設定した。

毎回取り組むことで力になったと報告を受けている。質のよい問題を多くこなすことも大事なことだと考える。

動画変換力を育てよう

杉渕鐵良●東京都北区立梅木小学校

大切なのは「動画変換力」

文章題にも、都市伝説がある。

計算はできるけれど、文章題はできない。

数学的思考力が不足しているからできない。

読解力がないからできない。

それなら、数学的思考力をつければよい。

読解力をつければよいのだが……具体的な指導をする段階になると……

何をしていいかわからなくなる。

「どう指導したらいいか、わからない」

これが現実である。

都市伝説を信じるのはやめよう。

既成概念を変えよう。

私が提案するのは、「変換力」養成である。

文章題を動画に変換する力が大切なのだ。

文章題の場面をイメージさせる。

言葉ではなく、情景を思い浮かべることができる。

これが、イメージ。

イメージと言っても、いろいろある。

ボーッとした感じでは、イメージしても意味がない。

細部までイメージできることが必要である。

一見、文章題を解くことと直接関係ないことが大切。

「細部を考えさせる」ことで、イメージが鮮明になる。

静止画像ではない。

動画にしないと、文章題を解くことはできない。

子どもたちがよくやる、ごっこ遊び。

これは、動画そのもの。お店屋さんごっこをするとき、具体的に動かなければ、うそっぽくなる。実際に近づける。色も形も、数も、動きも。

昔の子どもは、ごっこ遊びで、動画変換力を自然に身につけることができた。

文章題で、ごっこ遊びをすることで、動画変換力を育てたい。

文章題を動画に変換させる力が大切である。

「動画変換力」を育てよう。

それ以前の問題

文章題を解く以前に、たくさんの問題がある。

驚愕《きょうがく》の事実がある。

これがわかったとき、唖然《あぜん》とした。

子どもたちは、文章題を読まない。

出てくる数字に目を向けるだけ。

キーワードを探し、たし算なのか、ひき算なのか見当をつけるだけ。

だから、できない。

できたとしても……たまたま「できた」だけ。

問題を理解して、「できた」ことにはならない。

問題を読んでいないことは……

音読させると、よくわかる。

黙読ではごまかすことができる。

音読させる教師は、少ない。

声を出し読ませてみよう。

問題文を、すらすら読めるか。

多くの場合、読めない。

すらすら読めるどころか……

つっかえ、つっかえしか読めない子もいる。

もちろん、出てくる言葉の意味もわからない。


読解力以前に、読めないのである。

まず、読めるようにさせることが大切だ。


音読させることで、読めないことに教師が氣づく。

- 漢字が読めない。
- 言葉を知らない。
- 言葉がわからない。
- 言葉の意味がわからない。
- 問題の意味がわからない。

などなど。


こんなにできないのか……

愕然とする。

教師が思っているより、ずっとできない。

気を取り直して、一から指導する。

「読めない字はない？」

と聴く。

読めない字があったら、読み方を教える。

ルビをふらせる。

何度も読ませる。

声を出して読むことは、基本中の基本である。

すらすら読めるようになったら、次に進む。


「わからない言葉はない？」

わからない言葉があるかどうかを聴く。

ある場合、言葉の意味を説明する。

ここまでやって、やっと文章題のスタートライン。

基本的な指導

次の問題を提示する。

画用紙に書いておく。

音読させる。


ななせさんの組の人数は、23人です。

男子は14人です。

女子より何人多いでしょう。


1年生レベルなので、読めない子はそれほどいない。

問題をはがす。

問題を読ませる。

当然読めない。

暗記するつもりで読んでいないからである。

もう一度、問題を提示する。

子どもの意識が変わってくる。

問題をはがす。

今度は、少し覚えている。

くり返すことで、子どもの認識を変える。


問題を読むということは、覚えるということ。

声を出して問題文を読むことができる。

暗唱できる。

基本中の基本である。


読むことは読めても、意味がわかっているわけではない。

「答えは9人」と言う子がいる。

「23－14＝9」と考えたのである。

声を出して問題を読んだが……

理解しようと思って読んでいない。

「23と14」、「何人多い」に目が行く。

数字とキーワードに目が向く。

考えずに、ひき算をしてしまう。

「女の子は何人でしょう」なら正解であるが……。

「女子より何人多い」を見落としている。

いや、「女子より何人多い」を「女子は何人でしょう」に自動変換している。

普通の問題なら、一発で答えが出る。

この問題は、一発で答えが出せない問題。

引っかかりやすい。


できない場合、問題レベルをさげる。

ななせさんの組の人数は23人です。男の子は14人です。

女の子は何人ですか。

これならできる。

簡単な問題で、文章題攻略の手順を教える。

問題を音読したら、発言させる。

氣づいたこと、わかったことなど何でもよい。

意見が出ない場合は、教師がどんどん言えばよい。

- この組は、ななせさんの組。
- みんなで23人いる。
- みんなというのは、男の子と女の子を合わせた数。
- 男の子は14人いる。
- みんなで23人だから、男の子の方が多い。
- 女の子の人数はわからない。
- みんなの数から、男の子の数を引けばいい。

初期段階では、教師が子どもたちに聴く。
「ななせさんの組は、みんなで何人いますか」
復唱させる。
「ななせさんの組は、みんなで何人いますか」
「みんなで、23人います」(教師)
「みんなで、23人います」(子ども)
「男の子、女の子、あわせて23人です」(教師)
「男の子、女の子、あわせて23人です」(子ども)
「みんなから男の子の人数を引けば、女の子の人数がわかります」(教師)
「みんなから男の子の人数を引けば、女の子の人数がわかります」(子ども)
「式は、23人－14人です」(教師)
「式は、23人－14人です」(子ども)
「答えは、9人です」(教師)
「答えは、9人です」(子ども)

みんな　男の子　女の子
23人－14人＝9人
答え　女の子は9人

このように書かせる。

「じゃあ、一人でいってみて」

「えーっ」

一人になると、言えない。

少しずつ、一人で言えるように練習させよう。

さて、先ほどの問題は、一発では解けない問題である。


ななせさんの組の人数は、23人です。

男子は14人です。

女子より何人多いでしょう。


ポイントは、全文読ませないこと。

一文ずつ、取り上げることである。

わかっていることを言わせる。

言えない場合は、教える。

みんなで23人(男子、女子合わせて23人)
男子は、14人
女子は、23人－14人で、9人

「男子と女子、どちらが多いですか」(教師)
「男子と女子、どちらが多いですか」(子ども)
「男子の方が多いです」(教師)
「男子の方が多いです」(子ども)
「何人多いですか」(教師)
「何人多いですか」(子ども)
「男子14人、女子9人なので、男子は女子より5人多いです」(教師)
「男子14人、女子9人なので、男子は女子より5人多いです」(子ども)
問答することで、漠然としていたことがはっきりしてくる。
男子と女子の人数。
どちらが多いか。
ここまできて、

女子より何人多いでしょう。

を読ませる。

前半部分がイメージできている。

男子　14人。

女子　9人。

男子の方が多い。

これらを踏まえて、「女子より何人多いでしょう」を読む。

簡単に答えを出すことができる。

ひっかかることはない。


ポイントをまとめよう。

- 声を出して問題を読む。
- わからない字にルビをふる。
- 言葉の意味を調べる。
- 唱和……解き方を唱える。
- 一文ずつ、わかったこと、氣づいたことを言わせる。

プラスアルファの指導

全部与えない。

文章題をあえて、不完全な問題にする。

たとえば、次の問題。

前半部分だけを提示する。

問題部分をあえて、提示しない。

赤い花が16本、黄色い花が32本さいています。


このあとを考えさせる。

ある程度情報を与え、問題をつくらせる。

- 花は全部で何本さいていますか。
- どっちの花が、何本多いでしょう。
- 赤い花があと何本さくと、黄色い花と同じ数になるでしょう。
- 黄色い花は、赤い花の何倍でしょう。

子どもに問題をつくらせる。

毎回教師が、いろいろな問題を出す。

たし算、ひき算などと特定しない。

- 赤い花とは、どんな花か。
- 黄色い花とは、どんな花か。
- 赤い花、黄色い花は、同じ種類の花か。
- つぼみ、さきはじめ、満開か。
- どこにさいているのでしょう。
- だれが、植えたのでしょう。
- だれが、世話しているのでしょう。

細部を考えさせることで、イメージが鮮明になる。

「赤い花」ではなく「赤いスイートピー」

「お母さんが大切にしている赤いスイートピー」

風に揺れる花を見て、お母さんがにこにこしている。

花に声をかけている。


など、細かく考えさせる。

「映画を撮る」感じか？

細かな描写が動き出すと……動画になる。

動画ができれば、自然に式がわかる。

式を立てるというよりは……

「式が浮かんでくる」という感じである。

都市伝説、既成概念を打破しよう。

音読させることで、教師も子どもも認識を変えよう。

映画を撮るつもりで、細部までイメージさせよう。

子どもに文章題のストーリーをつくらせよう。

想像は、創造に代わり……

式が、自然に浮かんでくるようになる。

文章題を解いて終わりではなく……

この文章題の物語を楽しもう。

「立式力」とは、単に式を立てる力ではない。鮮明なイメージから式を導き出す力である。

動画変換力を育てることが、「立式力」を育てることになる。

3回読ませる、構造を把握させる

横山験也 ● 株式会社さくら社

1 3回読む

「計算はできるが、文章題ができない子がいます。そんな子に、文章題をどう指導したらいいのでしょう」

たまに、このような質問を受けることがあります。たいていの場合、私は次のように答えています。

> 文章題を3回読ませなさい。

こう答えると、質問をしてきた先生は、少しきょとんとしてしまいます。期待していた答えと違っていたのだろうと思います。もっと切れ味の良い、ぐっとくるノウハウを聞けると思っていたのだろうと思います。

そんな質問者の様子を見ながら、なぜ、3回読ませることが大切なのか、話すようにしています。

まず、文章題ができない子は、文章をまともに読もうとしていません。さらっと読んで、すぐに「わからない」となったり、勝手な思いで、わかったつもりになったりします。もちろん、立式もいい加減です。

じっくり読んで、しっかり考えて、それでも式をどう立てたらよいのかわからない、という子はまずいません。

要するに、できない子は文章題の文章をなめているのです。生意気な気持ちで文章題に向かっているとも言えます。そう思えてくると、対策の講じようが出てきます。

2 桃太郎の繰り返し

まず、文章題に向き合う心が育っていないのですから、その心を育てるところからスタートします。

できない子を意識しつつ、クラス全員へ、文章題への取り組み方には2種類あることを伝えます。

> ①自分の力で文章題を読んで式を立てる「自力読み」
> ②先生や友だちなどから教わりながら式を立てる「教わり読み」

どちらの力をつけたいかを、子どもたちにたずねます。先生がまじめに問えば、どんな子でも「自力読み」の道を選びます。「自分の力で」という自立・独立の雰囲気は、子ども心にも格好いいからです。

「自力読み」の道を選んだら、次は「桃太郎の繰り返し」の話です。

> 桃太郎の繰り返し
>
> 桃太郎の話を知っていますね。桃太郎が歩いていたら、犬が出てきて、次にサルが出てきて、最後にキジが出てきます。
>
> 初めて、桃太郎の話を聞いた子は、犬のところで「へー、そんな話か」と思います。
>
> 次のサルのところでは、「あっ、さっきの犬と同じ話だ」とわかります。
>
> それから、キジが出てきます。すると、話を聞いていた子は、「もうわかった！　吉《き》備《び》団《だん》子《ご》をあげて、鬼退

治についていくんでしょう!」とうれしそうに言います。

算数の文章題は桃太郎と同じなのです。3回目のキジのときになると、自然と「もう、わかった」になります。だから、昔から文章題に取り組むときは、桃太郎のように、3回繰り返して読むことがいちばん大切なやり方だとされています。

皆さんは桃太郎のように3回読めるかな。

※この話は『くはしい算数母の心構』(藤森良蔵・藤森良夫、考へ方研究社、1941年)から学び作成。

このように心構えをしっかりと話してから、実際に文章題に取むときに行うべきことを話しておきます。それは、1回読むたびに、文章題のわきに印をつける方法です。たとえば、1回読んだら○を1つ書き、○が3つついたら、式を書くというルールにします。

3 まず、落ち着く

3回読むことを伝えれば、それで大丈夫かというと、そうもいきません。文章題に向き合うとき、まず、しなければならないことが1つあります。

落ち着く。

「落ち着く」というのは、何も文章題に限ることではありません。なにごとも、まず落ち着いてから取り組むのが、基本中の基本だからです。

1回、深呼吸をするのもよいですし、目を閉じて1、2、3とゆっくり数えてもよいでしょう。いずれにせよ、焦って取り組むようにはさせないことです。

4 文章題の仕組みを理解して板書

「3回読む」のは、子どもが文章題に取り組むときの姿勢です。これとは別に、文章題の構造を理解しておく必要があります。

文章題は基本的に、「説明部分」と「問題部分」でできています(図1参照)。

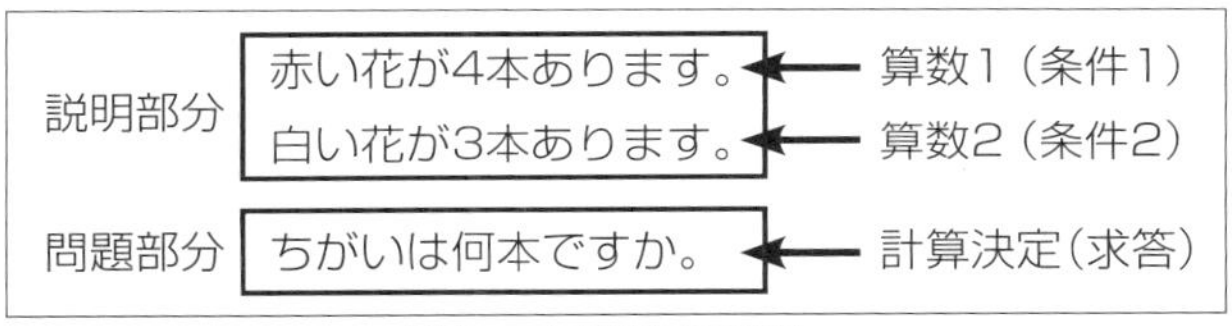

図1 文章題の構造

説明部分には計算のもととなる内容が記されています。通常2つあり、「条件1」「条件2」あるいは、「わかっていること」などと呼ばれています。私は「算数1」「算数2」と呼んでいます。

問題部分には何算になるかを決める言葉が記されています。答えを求めるところから「求答」とか、「聞いていること」「答えること」などと呼ばれています。

文章題の構造を理解して、文章題の指導をします。

5 説明部分だけを板書

文章題を板書する際には、説明部分だけを書くようにします。

赤い花が4本あります。
白い花が3本あります。

板書①

また、板書の読み上げはしません。通常、先生が読み上げたり、みんなで一斉に読んだりします。そういうことをしないのです。

板書された文章題には、新出漢字もなく、難しい言葉もないからです。

大事なことは「自分の力で読む」ことです。ですので、各自に読ませることが大切です。たとえば、「3回読んでください」などと指示を出すのもよいです。

本当に読んでいるかどうか気になる場合は、次のような方法があります。

子どもたちに口の動きだけはっきりと、発声はごく小さくして読ませます。「口パク読み」です。先生は指示棒で問題文をさし、読みのペースメーカーを行います。

1回か2回、同じペースで「口パク読み」を行ったら、最後は指示棒なしで、口パク読みをさせます。気になる子の口もとを見て、読んでいるかどうかの確認をします。たいていの場合は、どの子も読んでいるので、問題ありません。

読み終わったら、内容確認の問いを出します。

> **Q1**　4本あるのは何ですか。
> **Q2**　白は何本ですか。

やさしい問いです。子どもは正答するので、自分の力で読めていることをほめるようにします。

時として、「黄色い花は何本ありますか」「6本あるのは何色の花ですか」などと、書いてないことを聞いてみるのも楽しいです。「書いてないからわからない」ということがわかれば、内容を把握している一つの証しになります。

6　「言い回し」と「式」を関連づける

最後は問題部分に注目させます。

> **Q1**　「合わせて何本になりますか」と聞かれたら、どんな式になりますか。
> **Q2**　「全部で何本でしょう」と書いてあったら、どんな式になりますか。

このように、既習の言い方を使って、どんな式になるかの練習をします。大事なことは、「問題部分の言い回し」と「式」がつながるように練習することです。

既習の言い回しが終わったら、本時の問題部分を書きます。

余裕があれば、関係のないことや、答えようのないことを言うのも楽しいです。説明部分に続けて、「明日は雨ですか」と問うのも楽しいです。いきなり、「答えは何本ですか」と聞くのも楽しいです。「もし、合わせるのなら……」と補ってくる子が出てきたら、りっぱです。問題部分は、説明部分を受けているという特徴がわかっていることになります。

> りんごが4こあります。
> 3こ［　　　　］と、［　　　　］は
> 何こになりますか。

板書②

7　虫食いにする

問題文によっては、説明部分だけを書く方法がやりにくい場合があります。その場合は、虫食い状態で板書するとよいです（板書②参照）。

「3こ『食べる』と、『のこり』は何こになりますか」と出題するときに、計算決定に重要な役割を果たす言葉を隠し、板書します。

すると、子どもたちも何かしらの言葉を入れようとしてきます。

> 例　3こ「もらう」と、「りんご」は何こになりますか。
> 例　3こ「あげる」と、「のこり」は何こになりますか。

そのつど、どんな式になるかを考えさせ、立式の力を高めていきます。

8　逆思考と単位量は別脳

ここまで書いてきたのは、四則計算の基本的な文章題への取り組みです。この方法でも文意を把握しにくいのが、逆思考の問題と単位量にかかわる問題です。

逆思考には「テープ図」、単位量には「2本線分図」と、図を介して式を立てる方法がポピュラーです（ほかにも「文章題の算数読み」という方法もありますが、今回は割愛します）。

テープ図と2本線分図には、算数ソフト

を使うことをお勧めしています。短時間に繰り返し練習でき、そのうえ、とても楽しいからです。

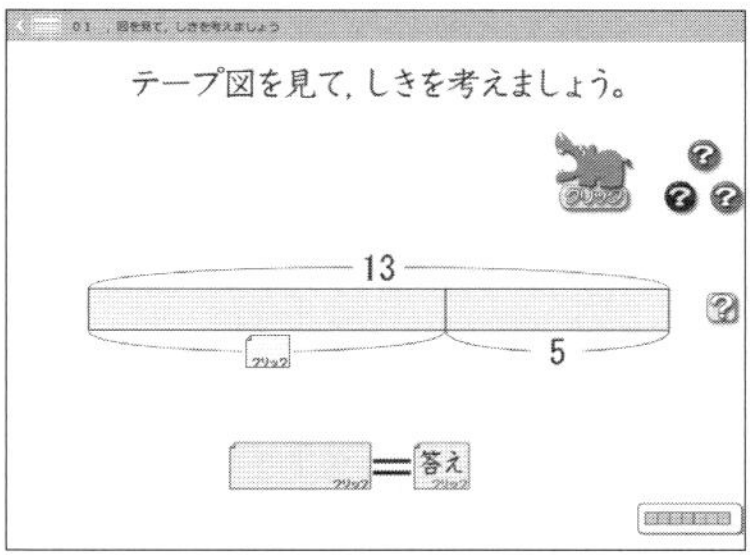

画面1　テープ図①

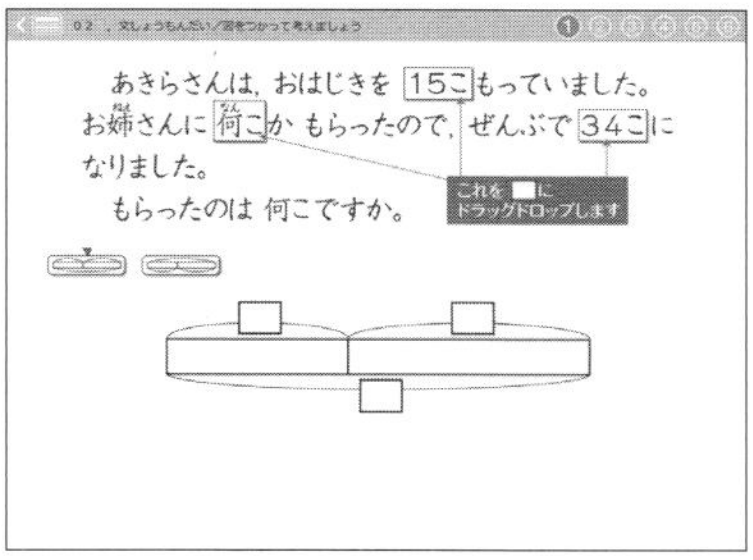

画面2　テープ図②

画面1では、たし算・ひき算用のテープ図から、式を立てる練習ができます。

画面2は、文章題から数をテープ図に入れ込む練習ができるソフトです。

単位量当たりの考え方に対応した2本線分図のソフトもあります。

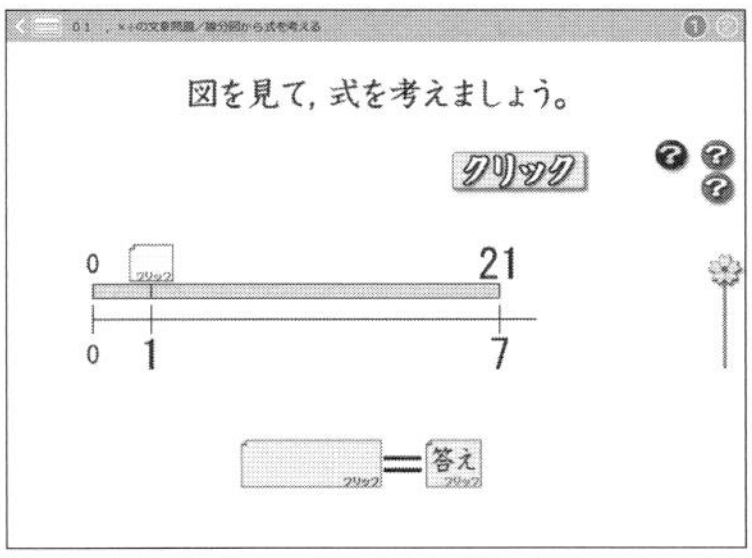

画面3　2本線分図①

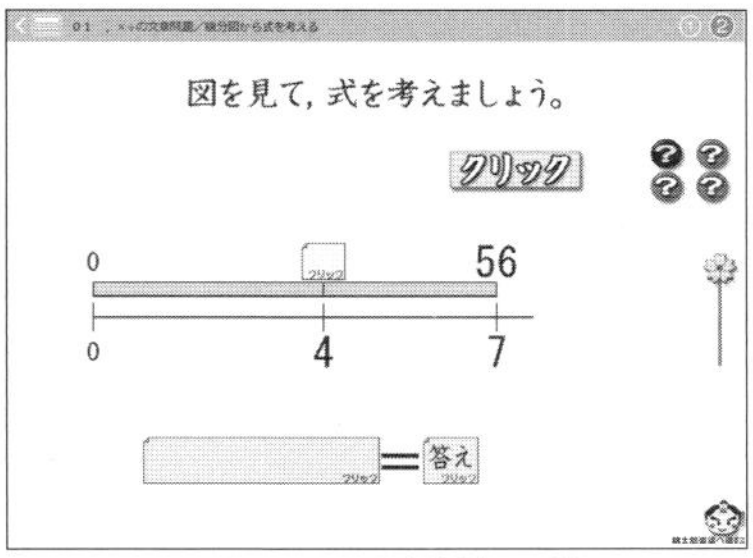

画面4　2本線分図②

画面3は、1当たりの学習用です。このような線分図になったら、どういう式にして計算したらよいのか、その練習ができます。

画面4は、1当たりの応用です。どのように式を立てるのか、そこに集中して練習できます。

算数ソフトを使うことが、なぜよいのでしょうか。最大の理由は、子どもたちが算数を楽しみにすることです。

9　算数ソフトを使って、教科書の自力読みを！

文章題への取り組みを少し記しましたが、最も重要なことは、子どもたちが算数の時間を楽しみにしている状態をつくることです。それには、算数ソフトを使うことがいちばんと思っています。すると、教科書を自力で読める子に育てる授業も展開しやすくなります。

算数ソフトを毎時間の学習のはじまりに見せ、子どもたちとソフトでざっくりと学習します。それから、教科書の指定ページを自力で読み解かせていきます。

すると、理解が不十分な子も、算数ソフトで学んでいるので、教科書の意味を理解しやすくなり、自分から書いてある内容を読み取るおもしろさを味わうことになります。

また、算数ソフトは小気味よいおもしろさをもっているので、子どもたちが算数の時間を楽しみにするようになります。「好きこそものの上手なれ」ということわざがあるように、楽しみにしている授業のなかで、文章題を特別に取り出して指導することが、最も効果的な指導となります。

※ここで紹介した算数ソフトは、『子どもが夢中で手を挙げる算数ソフト』（さくら社）です。書店でも「さくら社ネットストア」でも販売されています。

文章題のイメージを大切に

藤條亜紀子●数学教育協議会

1 考えることが楽しい算数を

「算数は難しい」と思うのは、なぜでしょうか。

それは、意味が理解できずに、覚えることが多い、暗記しなければできないと思ってしまうからでしょう。暗記中心で、公式を覚えることが算数と思うようでは、算数の本質には迫れません。だからこそ、教える側が考えることが楽しいと思えるような算数の学習を心がけなければなりません。

そのためには、算数の学習をしたから、生活がしやすくなったと思えるように、算数の便利さを伝え、具体物や具体的な場面を取り上げることが大切です。

2 立式することのよさ

「たし算」は便利です。「8このあめと、3このあめをあわせると、11こになる」ということを記号化すると、「8＋3＝11」と書けるからです。その便利なたし算を、まだ、やっとひらがなを読み書きできるようになったばかりの1年生からやるわけですから、すごいことです。3、4行にわたる文章を読んで、たし算かひき算かを考えて、立式して答えを求めるなんて、子どもにとっては、重大問題です。それが解ければ、「できた」と達成感を味わうこと間違いなしです。

そんな感動的な学習なのに、「『あわせて』とか、『みんなで』とか、『ぜんぶで』とか、『ふえると』とかが出てきたら、たし算」「『ちがいは』とか、『のこりは』とか、『へると』とかが出てきたら、ひき算」などと、指導していませんか。

ここからして、暗記に走っています。この頃の子どもは、問題をよく読みます。なぜなら、ひらがなを覚えたてで、自分の目で読んで確認して、内容を考えたいからです。時間はかかりますけど、自分なりにイメージして、必死に答えを出そうとしています。自分でも手ごたえを感じながら、問題を解いているはずです。

それをこちらが勝手によかれと思って、たし算かひき算か、すぐに見つける方法を伝えてしまっては、もったいないです。この時点で速く解くことを推進してしまうと、考えなくてよいことになってしまいます。

そんなことのないように、1年生の先生は考える時間をしっかりと取ってほしいです。たし算かひき算を見きわめる力をつけたいのでしたら、「たし算ことば」「ひき算ことば」を見つける活動をしてはどうでしょう。

●たし算ことば

・もらっちゃった
・きちゃった
・ふえちゃった……　　ほかには?

●ひき算ことば

・とんでっちゃった
・こわれちゃった
・きえちゃった
・たべちゃった……　　ほかには?

これだったら、どんどん、たし算やひき算のお話をつくりたくなるはずです。

お話をつくったら、立式して、答えを書きます。学級で取り組めば、クラスの人数分の文章題ができるのです。これをお互いに解き合うと、文章題の場面のイメージもふくらみ、立式する力も伸びます。

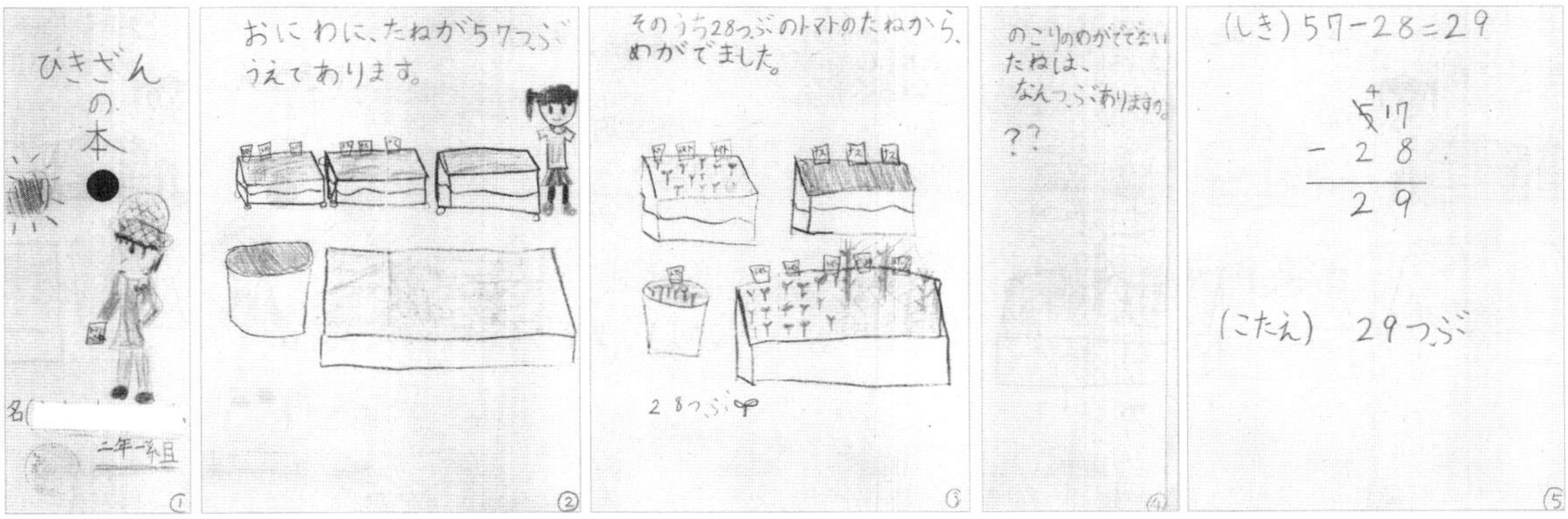

2年のひき算の単元で子どもが作った『ひきざんの本』。
クラスの人数分の文章題ができて、文章題のイメージがふくらむ。

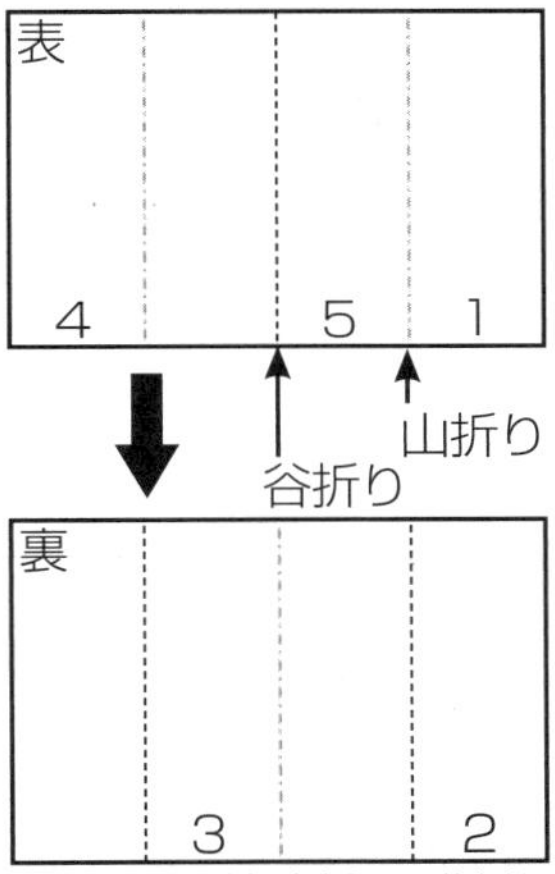

B4判の用紙を山折り・谷折りして、本を作る。

上の写真は、2年生のひき算の単元でつくった『ひきざんの本』です。子どもの豊かな発想が光りますし、友だち同士で問題を解き合うので、力がつきます。

3 意味理解を大切に

ここからは「かけ算」についてです。かけ算の学習と言えば、かけ算九九の暗記です。これも、かけ算、わり算の筆算になったとき、便利だから覚えるのです。3、4年の先生に迷惑をかけてはいけないと思い、2年生の先生は必死に覚えさせています。九九は大切ではありますが、もっと大切なのは意味理解です。意味を理解するために重要なのは導入です。

東京書籍の教科書では、遊園地の場面を取り上げています。はじめから、同数ずつの場面しかないため、1当たりの数を意識するには弱いです。そこで、ばらばらな場面と同じ場面を用意して、違いを見つけることから導入します。それぞれのお店屋さんの名前はクラスで決めます。算数では、共通の体験から、自分たちで納得できる名前をつけると、インパクトが強くなります。

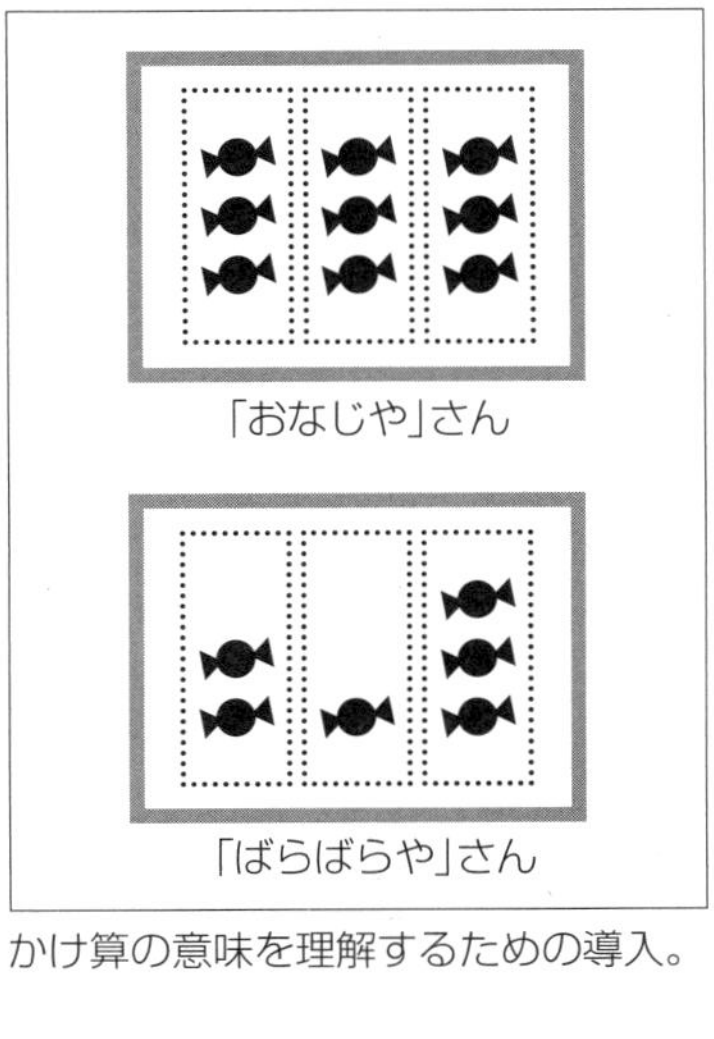

かけ算の意味を理解するための導入。

私のクラスでは、上が「おなじや」さん、下が「ばらばらや」さんと決めました。かけ算を使うのは、「おなじや」さんのときです。かけ算は「1当たりの数×いくつ分＝ぜんぶの数」となります。「おなじや」さんの勉強をすることを押さえたら、1当たりの数探しです。ここをいい加減にして、同じ数をたしていけばいいと教えてしまうと、0のかけ算や小数、分数のかけ算、わり算にはつながっていきません。ですから、「1当たり探し」はした方がいいです。

たとえば、うさぎの中に1当たりの数があるでしょうか。探してみましょう。うさぎだけでも、たくさんの1当たりの数を探すことができるのです。

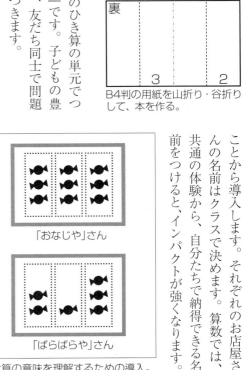

うさぎのあとは、身の回りの1当たりの数探しです。

うさぎ1ぴき当たり
耳2本➡2本／ひき

うさぎ1ぴき当たり
しっぽ1こ➡1こ／ひき

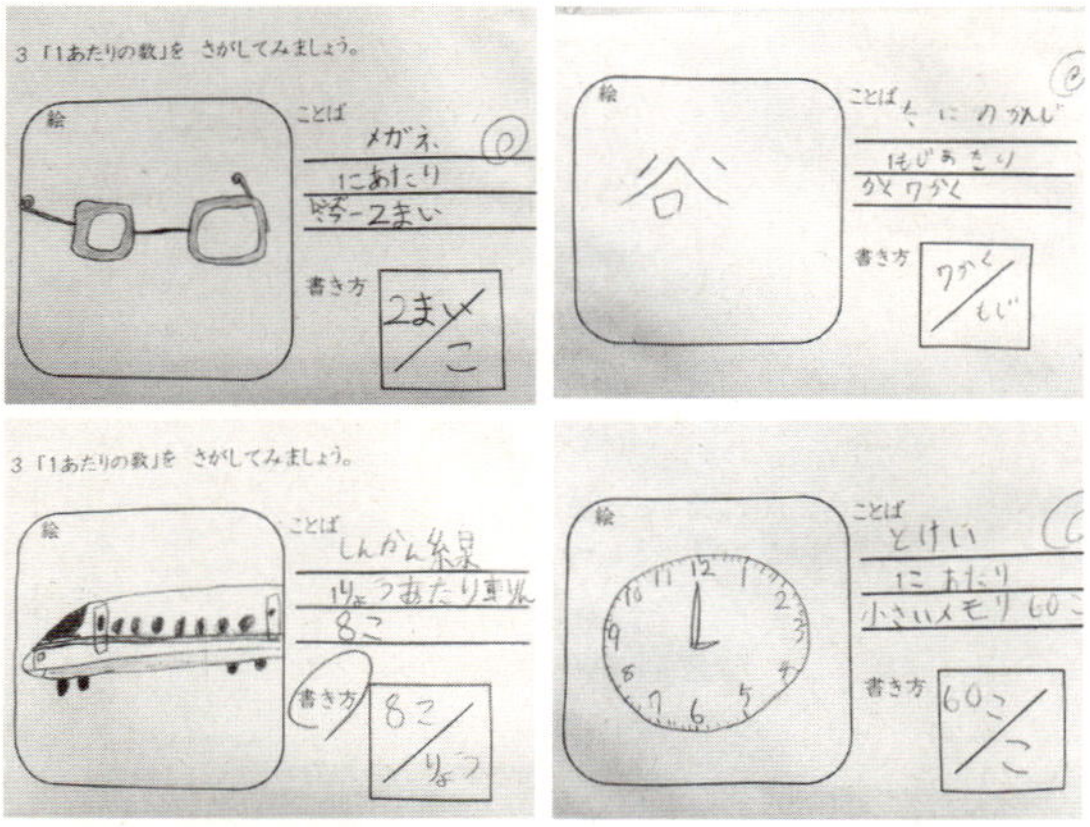

1当たりの数の単位は、「1こ当たり2まい」では、「2まい／こ（2まいパーこ）と読みます」

かえるのおへそを問題にすれば、0のかけ算もできます。うさぎやかえるのように、1つずつ数えるもの（分離量）ではなく、水のかさのような半端な数もあるもの（連続量）にすれば、小数や分数のかけ算も容易に考えることができます。

高学年になったとき、小数、分数のかけ算、わり算でつまずくことが多いです。これは、「1当たり量」（1当たりの数を学年が上がると、1当たり量と呼んでいます）をしっかり意識していないことが原因と言っても過言ではありません。文章題のなかで、この「1当たり量」を見つけることができれば、かけ算かわり算かを見きわめることができるようになりますし、立式することができるようになります。

意味理解をしっかりとするために、かけ算でもお話づくりをします。

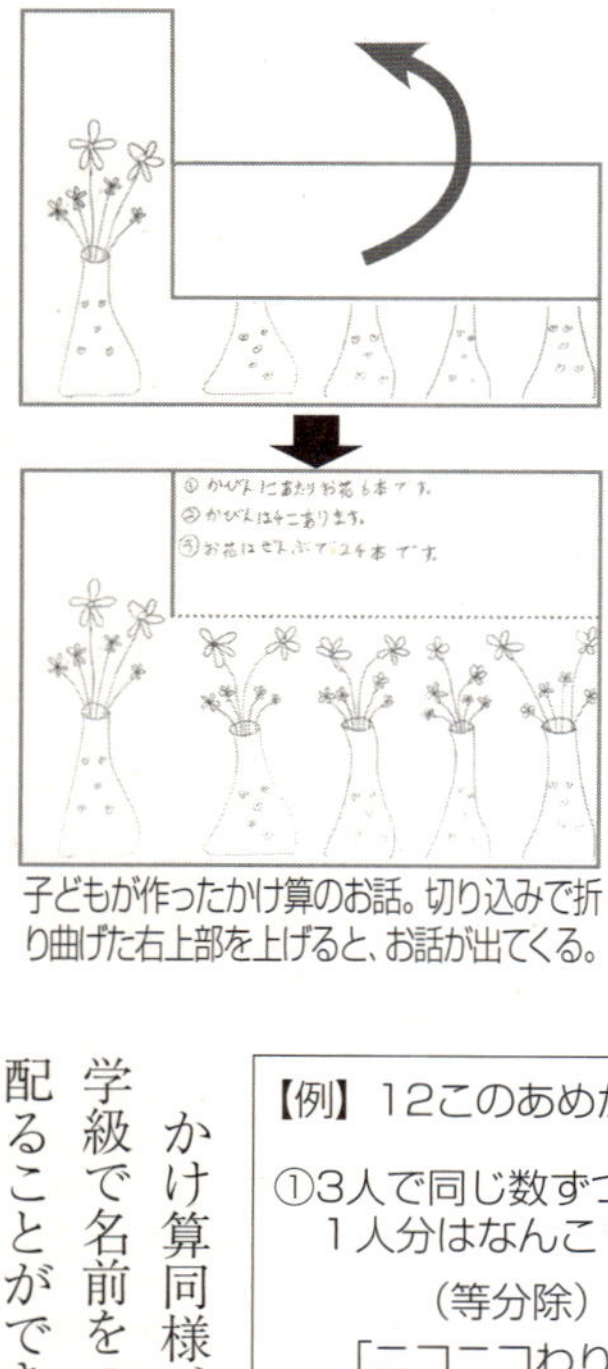

子どもが作ったかけ算のお話。切り込みで折り曲げた右上部を上げると、お話が出てくる。

さて、次はわり算についてです。「わり算とは」と聞かれて、説明することができるでしょうか。「かけ算の反対」なんて答えてはなりません。わり算には、「いくつかのものを分配して、1当たりの数を求める」という「等分除」と、「いくつ分かを求める」という「包含除」があります。その分け方の違いについて、きちんとイメージすることが大切です。そのためには、実際に具体物を用いて考えたり、図式化して考えたりすることが大切です。

【例】 12このあめがあります。

①3人で同じ数ずつ分けると、1人分はなんこ？

（等分除）

「ニコニコわり算」

②3こずつ分けると、何人に分けられる？

（包含除）

「ドキドキわり算」

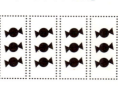

式と答えは同じですが、わり算の意味が違います。

配り方にも違いがあります。等分除はトランプ配り、包含除は一気に取るのです。また、等分除は1当たり量を求める計算、包含除はいくつ分を求める計算です。

かけ算同様、等分除と包含除について、学級で名前をつけます。いつも同じ数ずつ配ることができるので等分除は「ニコニコわり算」、先着順にしかもらえないので、包含除は「ドキドキわり算」などと決め、場面のイメージと、立式を結びつけます。

4 「シェーマ図」を考える助けに

文章題を理解するための手助けとなるのが、図です。私の所属する数学教育協議会では、この図を「シェーマ図」と言います。

教科書では、テープ図、線分図、面積図が取り上げられていますが、かけ算、わり算の学習では、シェーマ図のなかでも「かけわり図」を使います。かけ算とわり算の構造をイメージするには有効であり、かけわり図を子どもたち自らが描けるようになったら、立式がしやすくなります。

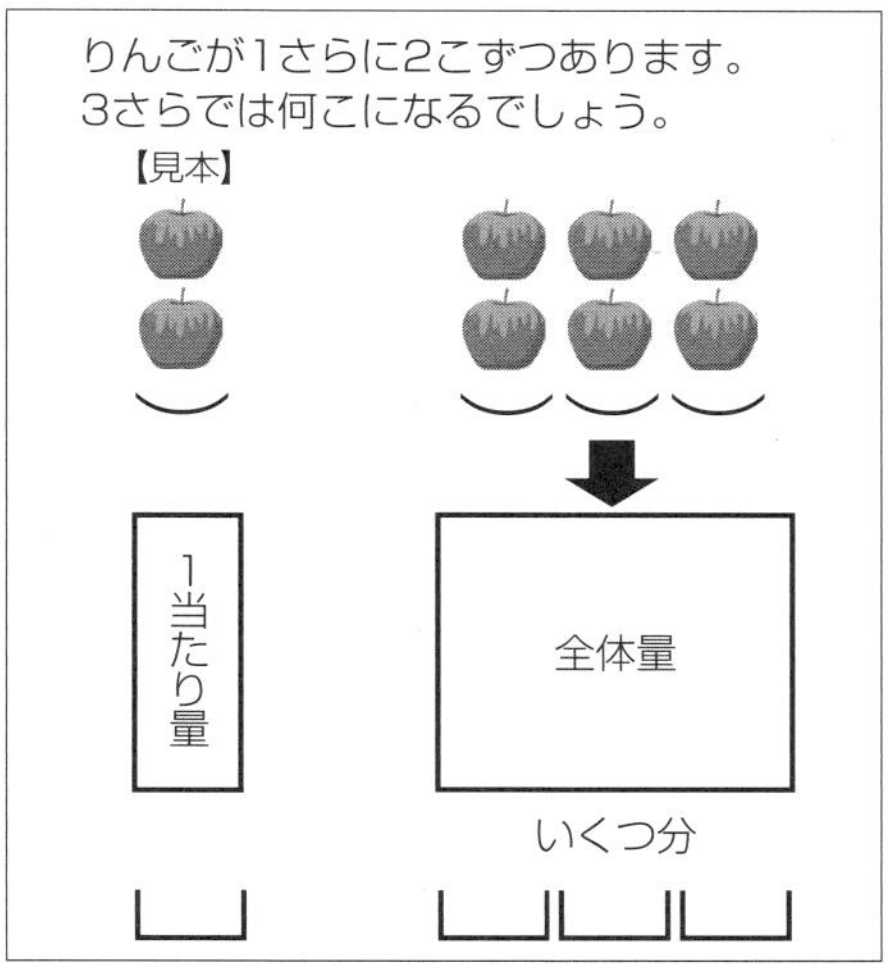
りんごが1さらに2こずつあります。
3さらでは何こになるでしょう。
【見本】
1当たり量
全体量
いくつ分

かけわり図の描き方は、1当たりの数を左に取り出して描きます。子どもたちには「見本を描く」と言います。見本に合わせてりんごを描きます。次に、いくつ分を描けば、ぜんぶの数がいくつかわかります。

具体物⬇かけわり図⬇立式という流れで、学びを進めていきます。具体物で描くことが理解できたら、かけわり図に転換していきます。

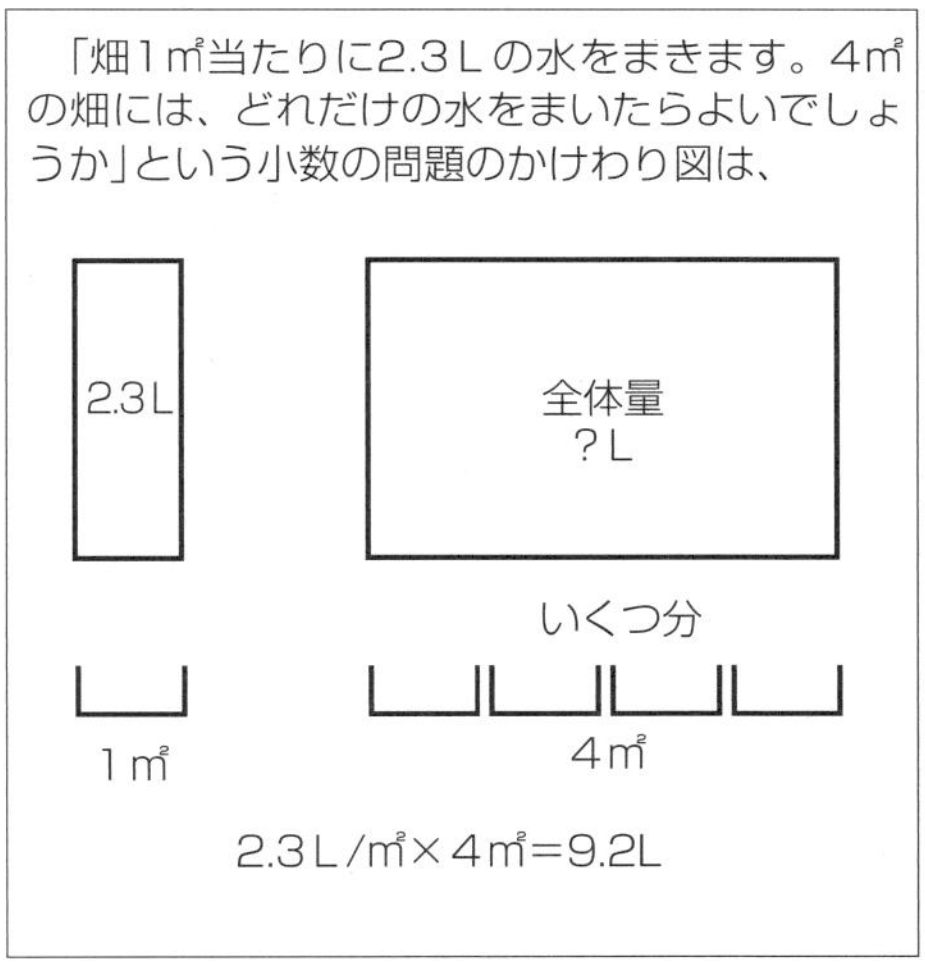
「畑1㎡当たりに2.3Ｌの水をまきます。4㎡の畑には、どれだけの水をまいたらよいでしょうか」という小数の問題のかけわり図は、
2.3L
全体量
?Ｌ
いくつ分
1㎡
4㎡
2.3Ｌ/㎡×4㎡=9.2L

文章題においては、前述の通り、1当たり量を見つけ出すことが大切です。私は、文章題では1当たり量に□印をつけるように言います。また、学年間で連携が取れる場合は、1当たり量の単位に「／(パー)」をつけます。

子どもが間違えやすい、「8人の子どもがいます。1人に3個ずつあめをあげるには、何個のあめがいるでしょうか」という問題の場合でも、印をつけ、1当たり量に単位をつけると、「3個／人×8人＝24個」と書くことができます。

「?」がどこにあるかによって、かけ算か、わり算かがわかるのです。

かけ算になる場面は、大きく分けて、3通りあります。「『1当たり量×いくつ分＝全体量』で、全体量を求めるとき」「面積を求めるとき」「『もとの量×倍＝比べる量』の、比べる量を求めるとき」です。「倍の計算」では、数学教育協議会の石原清貴さんが考案した「にらめっこ図」というシェーマ図が有効です。

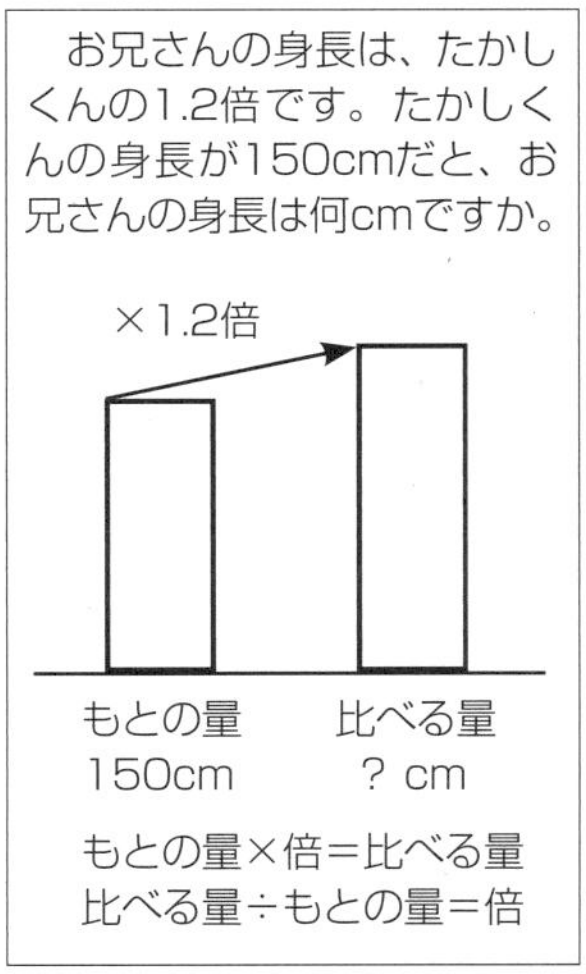
お兄さんの身長は、たかしくんの1.2倍です。たかしくんの身長が150cmだと、お兄さんの身長は何cmですか。
×1.2倍
もとの量
150cm
比べる量
? cm
もとの量×倍＝比べる量
比べる量÷もとの量＝倍

まず、ベースとなる地面の直線を引きます。次に、もとの量を描きます。そのあと、比べる量を描きますが、整数倍や帯小数倍、帯分数倍(3倍、2・5倍など)の場合は、もとの量より高く、真小数倍(0・8倍など)のときは低く描きます。もとの量から比べる量に矢印を描き、□倍と描きます。教科書で扱っている線分図よりも、子どもたちはイメージしやすいようです。これで立式が簡単にできます。

5 教師が深い学びを

「考えることが楽しい」と思えるような算数の授業をつくるためには、教師自らが学びを深めることが大切です。子どもたちと向き合って、楽しい授業をつくりましょう。

「式」は語る

森川みや子●数学教育実践研究会

はじめに　若き日の苦い思い出

教師になったばかりの頃のことでした。

1単元が終わり、「テスト」をして「いざ採点」となったとき、A君の答案を見て、愕然《がくぜん》としました。テストの左半分は計算や基本的理解を見る問題です。

しかし、A君は何とか数字を書いているものの、どれも弱々しい文字で、しかも、ほとんど間違っていました。

さらに、右半分は文章題で、まったくの白紙でした。テストの時間中、鉛筆を持って、やっているふりをしているA君の姿を見て、こういう結果を予想しましたが、その答案を前にして、私自身固まってしまったことを今も思い出します。

文章題の数的表現である式は、問題文にある「関係性」を読みとらないと取り組めません。したがって、関係性の読みとりを算数学習のなかで、いかに進めるかがカギとなります。

関係性の読みとりには、計算の意味を理解していないと、立式が難しいのです。「たし算ってどういう意味か」「ひき算の意味は何か？　そして、ひき算とたし算の違いは？」など、さらにかけ算、わり算と進んでも、子ども自身で、明快な理解が得られるような指導が大切です。

高学年の文章題はわり算がネックです。わり算は計算自体も難しく、それを駆使して問題を解くことは、まさに試練です。

しかし、ある手だてを講じると、その苦痛が軽減することがわかりました。

これは、さきに述べたA君に対する償いのようなものです。

その手だてとは、簡単に言うと、「演算の意味理解の深い学習」と「4マス法による関係性の表現」です。

1　小学校算数の壁は「割合」だ！

割合に関する文章題は4年生からあり、多くの子どもがつまずきます。ある授業で取り上げられた割合の問題解決の場面を例にして、子どもの納得の得られる解決法を紹介します。

(1)B小学校のある授業で取り上げられた割合の問題とその解決はいかに？

小数のわり算「小数の倍とわり算」のところで、14時間扱いの最後12時間め（まとめの前）が、この授業です。

> ○○さんは、誕生会のお返しとして、鉛筆とノートを買いに行きました。今年は、去年と値段が変わっています。去年に比べて、値段の上がり方が大きいのは、鉛筆とノートのどちらですか。

	去年	今年
鉛　筆	60円	90円
ノート	100円	130円

それぞれの値段の関係を上の表に整理しました。

この問題を見せてから、授業は通常、子どもに「問題を見て、気がついたこと」を言わせます。

T：鉛筆とノートの値段表を見て、わかることは何ですか。
C：30円値上がりしている。
C：どちらも30円増えている。値段の上がり方って、同じかな？
（ここで、のちに述べる「複数指名」により、考え方の次の飛躍のきっかけとなるような、つぶやきが起きました）
T：30円はどういう計算で出しましたか。
C：ひき算です。
T：どっちも30円値上がりしています。でも、どちらの値上がり方が多いですか。
（ここで、ひき算で比べただけでは「値上がり方はわからない」という疑問を子どもたちから導きます）
T：どちらの値上がり方が大きいのか、どうやって調べたらいいか考えましょう。ただし、友だちに納得してもらえるように、どちらの値上がりが大きいか、数字できちんと説明しましょう。

一般的な指導法では、「値段の上がり方とは上がった金額ではなく、値段が何倍になったかを考える」ということで、数直線を使って考えるように導きます。これが「くせもの」です。

(2) 予想される子どものつまずき・障壁

- わり算らしいが、どっちをどっちでわったらいいか、わからない。
- 子どもは、通常比べる問題ではひき算を使い、わり算で処理することには、まったく慣れていない。
- また、2量をどうやって比べるのか、その算数的手段が皆目見当もつかない。
- もとになる量、比べる量、比べられる量などという言葉は聞いたことがない。
- 「先生は60円を1として見る」なんて言うけれど、60円は60円のままだけどなあ。

2　そこで、私の解決案

(1) 演算決定の理由を考えさせる C君の思い出（3年生　わり算学習時）

C君は、生活指導全体会で話題に出るような子でした。しかし、わり算学習の頃にはあまりトラブルを起こさなくなっていました。何が彼をそうさせたか？　それは学習への自信だったと思います。彼が何をきっかけに、自信をもったかというと、それはわり算の意味理解学習でした。

T：ミカンが12個あります。友だちに3個ずつあげます。ミカンは何人にあげられますか。
C_1：わり算で計算しました。答えは4人です。
T：どうして、わり算なのですか。
C_2：3個ずつあげるのだから、「かなしいわり算」です。式は「12個÷3個＝4人」です。
（教室用語で等分除を「うれしいわり算」、包含除を「かなしいわり算」と称している）

このC_2がC君である。教室の前で説明して座席に戻るとき、「ああ、気持ちよかった」とつぶやきながら戻ったことを、今でもよく覚えています。

そして、これが、子どもは自分の思いや理屈を説明できたとき、「快感」を覚えるのだと、私がわかった瞬間でした。この快感の連続が、子どもを穏やかにさせることがわかったのです。だから、C君は落ち着いたのでしょう。

このとき以来、私は問題解決の場面では、「どうしてその計算か」の理由を、子どもに問うことを心がけました。

さらに、複数の子どもに答えさせるようにもしました。なぜ複数の子かというと、「同じです」でなく、「○○ちゃんと同じだけれど、『何人に』と聞いているから、私はわり算だと思います」というように、少しずつ表現が違う答えが返ってくるのです。

こういうとき、子どもは自分も「いいわね」と、先生や友だちに言ってもらおうと真剣に考えます。すると、クラスに「豊かなとき」が流れます。

(2) わり算？　かけ算？　どっちかな？

小学校算数の割合の単元では、3つの計算の仕方を指導します。

第1用法　比べられる量÷もとにする量
　　　　=割合
第2用法　もとにする量×割合
　　　　=比べられる量
第3用法　比べられる量÷割合
　　　　=もとにする量

この3つを文章題によって使い分けるのは至難のわざです。友だちに、「塾で『の』がけ、『が』わりとすると便利だよ、と教えてもらった」とアドバイスをする子もいます。これがそのまま使えるほど、問題文がつごうよくできていないのが現実です。

私は割合学習では、「第2用法」を中心に学習を進めることを提案します。これならかけ算で考えられるから、わり算が苦手な子も取り組めます。

次に立式の手段です。これは4マス法を提案します。この基礎となる考え方は以下のような4年で学習する「わり算のきまり」です。

①12÷6=2
②6÷3=2

①と②の式を見てどういうことが言えるかを考えさせます。「わられる数」と「わる数」のどちらも2でわっても商は同じ。これを表にしたのが「4マス法」です。

数直線は、子どもはどこに何を書いたらいいのか、戸惑うことが多いです。それに対して、4マスに整理するのは、マスに数値を入れればいいだけなのです。これは数直線表記より、子どもには楽なので、どの子も取りかかることができます。その際に、山形県遊佐町立遊佐小学校畠中教諭は、4つの仕切りのあるお弁当箱を連想させ、さらに「下の左マスには、いつもご飯が入っていると思って、『1』にしてください」とすると、子どもはイメージをしやすいと言っています。

さきに挙げた問題を例にします。

問題文は次の4マスに整理することができます。

鉛筆

	去年	今年
値　段	60円	90円
倍（目盛り）	1	？

ノート

	去年	今年
値　段	100円	130円
倍（目盛り）	1	？

次に、ここで3年で学習したかけ算とわり算の関係、そして4年で学習したわり算のきまりを使って、次の式を立式することができます。

〈鉛筆の場合〉
「1」が60倍になったのだから
　？×60=90
と言える。
　？=90÷60
　？=1.5

〈ノートの場合〉
「1」が100倍になったのだから
　？×100=130
と言える。
　？=130÷100
　？=1.3

鉛筆は1.5倍、ノートは1.3倍で、鉛筆の値上がりが大きいと数字のうえでも明らかになります。これによって、かけ算の立式を多くの子が納得！します。

1人の子どもはさらに、「ノートより鉛筆の方が買う人が多いから、その方がもうかるのだ」ともコメントします。

多くの子どもが戸惑う、「倍」や「割合」「単位量当たり」の問題もたいていは、これで解決することができます。

(3) 高学年算数は、ちっちゃなことの積み重ねが効いてくる。それは音を立てて効いてくる

①面積学習のある1コマ

4年の面積学習では、よくL字形の求積学習が取り上げられます。「縦切り」「横切り」「付け足し」型の3つの方法を子どもに考えさせ、「どの方法もいいですね」とまとめて終わりになるパターンの授業をよく見てきました。

しかし、自分でもその後、L字形の求積

を子どもにさせていちばん難しいのは、L字型の辺の長さを見つけさせることでした。L字の各部分の四角形の辺の長さが見つけられないので、求積の式が立てられないでいる子がいるのです。

そこで、L字の辺に着目させるために、「式から見える図形」の授業を進めました。なお、この授業は2012年に山形県酒田市立内郷小学校（当時）佐藤教諭にも行っていただきました。子どもの反応がよく、好評でした。

T：3人がある形を見て面積を求める式を書きました。3人が見た形は、どんな形だったのでしょう、当ててみて！

T：課題提示

Aさん：私、ひき算型でやったよ。

$5\times6-2\times4=22$　22cm²

Bさん：ぼくはたし算型だ。

$5\times2+3\times4=22$　22cm²

Cさん：私もたし算型よ。

$3\times6+2\times2=22$　22cm²

C：答えは同じだけれど、式が違う。もとの形は同じなのね。

C：おもしろそう。ワークシートに自分の考えを書くんだね。

T：Aさん、Bさん、Cさんが立式した形は、どんな形だったでしょうか。式に合う形を書きましょう。

ここで子どもは、L字形の図形をそれぞれ考えました。しかし、教科書によくあるような長靴型だけでなく、へこんだ部分が下向きや凹型あるいは、中に入っているような図形も考えました。「もっと違う形を考えるぞ」「本当に面積が22㎠になっているのかな。辺の長さを確かめて調べてみよう」と。

授業では、「ぼくは、同じ式で別の形ができたよ」という子が続出でした。こうなると授業は子どもが活発になり、教師の出番がないくらいです。

T：1つの式から、いろんな形ができましたね。実は、3人とも同じ形を見て式を立てたのです。3つの式すべてに当てはまる形はどれでしょうか。

C：こういう図だ！（と言って板書）

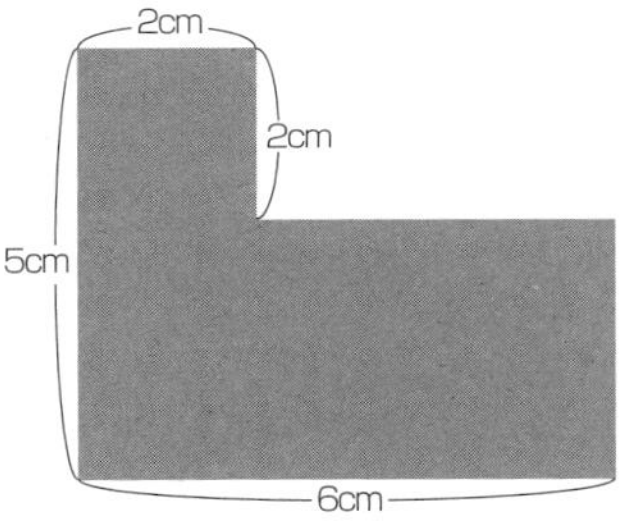

②式は、考え方の手順を説明している

子どもが納得したかどうかを見極めることにより、子どもは1人でも取り組むことができるようになります。高学年の子どもには、式と事象の間を自由に行き来できるようにする力をつけたいと思います。

また、図形と式の両方を同時に扱う単元では、それを自由に考えることのできるようにスモールステップを用意したいです。そうすると、子どもは今は図形の学習をしているのか、それとも式を作る学習をしているのかを意識するようになります。ここに力を注ぎ、子どもの「式感覚」を育てたいと強く願います。

3　子どもが要求する算数の授業

数年前、高学年の学習に取り残された子どもに補習学習をして、学力改善を試みたことがあります。そのとき、子どもができるようになっていちばん喜んだのが文章題です。「先生、ぼくいつも下のクラスだったけれど、真ん中のクラスに上がれたよ」と。

最後になりましたが、文章題はたいがい単元の終わりに取り上げられることが多いのですが、私は単元のはじめから取り上げることを進めたいです。

その理由は、次のことからです。

- 学んだ計算学習をすぐ使うことができる。
- 単元の終わりに個人で取り組む学習より、いろいろ意見や考えを出し合って、みんなで学習することが子どもは好き。

子ども同士で教え合う授業の方が子どもは大好きなのである。子どもの力はすごい！

教科書にちょっとつけ足すと、70%の子どもができる

岸本ひとみ●学力の基礎をきたえどの子も伸ばす研究会

小学1年用の文章題。

「きってが4まい、はがきが6まい、ふうとうが9まいあります。ふうとうは、きってよりなんまいおおいですか」（平成27年度版『算数テスト1年1学期』日本標準）。これが、1学期末の思考力を見る問題として出題されていました。もちろん、ヒントとして「ふうとうときってをくらべるんだね」と、ありましたが……。

何も指導をしなければ、正答率は、クラスの30%。1年生の6月末時点で、「この題意をとらえられる子どもが数学的な思考力がある」と評価されるのです。正答できない状態が積み重なれば、苦手意識が滓《かす》のように沈殿していくに違いありません。

しかし、指導者側が少し気をつけて授業を組み立てていけば、7割の子どもは、教科書程度の文章題であれば、理解し、解くことができるようになります。

読解力とイメージ化

小学校段階での文章題の立式には、読解力とイメージ化の力が大きく関係しています。たとえば、「鳥が2羽とんできました」と「とんでいきました」とでは、加減算が逆になってしまいます。算数的読解力と呼ぶべきものなのかもしれませんが、文章に書かれていることをイメージ化する力ともいえます。

低学年のうちは、文章題の構成要素が比較的少ないので、それほど難しくないのですが、4年生以上になると、「□の3倍から1000円まけてもらいました」「□の1・5倍の6倍は、いくらでしょう」というような出題をされます。日常生活から乖離《かいり》しているだけに、イメージ化ができない子どもは、とたんにやる気をなくしてしまい、じっくり考えれば理解できることでも、投げ出してしまいがちです。

これを防ぐには、操作活動をできるだけ多く取り入れて、イメージ化を図る必要があります。タイルを使って、「とんでくる」の操作をすれば、たし算だということがわかります。もちろん、「とんでいく」の操作はひき算になります。操作活動を通じて、文章題への苦手意識を少なくしていくことが、低学年の指導のポイントになります。

「ちょっとがんばればできる」「シェーマ（タイル・ブロック・数え棒などの半具体物）を使ったり、それを操作したりすれば、考えられる」というように、「できるんだ」「わかるんだ」というモチベーションを、高学年まで持続させられるような指導が求められます。

このような指導をなおざりにすると、3年生の後半から4年生にかけて、文章題を見ると、「誰かが解いてくれる」と、主体的に取り組まない子どもをたくさん生んでしまいます。

その端的な例が、全国学力・学習状況調査のB問題でしょう。見たとたんに、取り組む意欲をなくしてしまい、正答率がガクンと下がります。これは、実は理解できるのに、苦手意識が先行してしまって、やる気がなえてしまうのも、大きな要因です。

数感覚を磨く

4年生の小数の文章題ぐらいまでは、とくにシェーマや関係図を使わなくとも、すぐに解けるという子どもが、クラスに何人かいま

す。その子たちを見ていると、先行体験がたいへん豊かで、優れた量感覚や数感覚をもっている子どもが多いことがわかります。

たとえば、「新生児の体重はだいたい3kgです」と言うと、「ふうん。ランドセルといっしょぐらいの重さやね」と、つぶやくような子どもです。また、15×18は、だいたい300というように考えられる子どもでもあります。就学前から、いろいろなものに触れ、家庭でも長さを測ったり、買い物で概算することを教わったり、自動車のスピードメーターを見て、時速感覚を身につけたり、というような経験を積んでいます。生活のなかに、算数がなじんでいる子どもともいえます。ですから、文章題を見て、概算して、加減乗除計算のどれを使うと、求める答えが出てくるかを、感覚として身につけています。別に図を描いたり、シェーマを使わなくても、何となく立式できます。

学校生活のなかで、このような数感覚を磨くのはなかなか難しいことですが、身近に計測できる道具を置いていたり、指導者が意識して発問することによって、少しは磨くことができます。

算数だけでなく、社会科や理科の授業で、地図上の1kmを歩いてみる活動や、塩の0.1gを当てる競争を行うなど、ほかの教科や総合的な学習の時間を使って、身につけさせることもできます。

算数言語に慣れる

要素を的確に抜き出す

算数の文章題には、独特の表現があります。先述の「とんでくる」「とんでいく」もそうです。

> ゆかさんの家では、買ってきたいちごを家族５人で同じ数ずつに分けました。
> そのあと、ゆかさんは、お父さんから６こもらったので、ゆかさんのいちごの数は15こになりました。
> 買ってきたいちごは、全部で何こありましたか。
> (平成27年度版「もとの数はいくつ」『わくわく算数４下』啓林館より、下線は筆者)
>
> **式**　15－6＝9（1人分）
> 　　9×5＝45
>
> **答え**　45個

日常生活では、いちごはパック買いするので、個買いすることはありません。また、分け方も同じ数ずつ分けるというのではなく、皿に入れて、だいたい同じ量にすることが多いのではないでしょうか。

しかし、算数では、1人分の数を求めなければなりません。「こんなん考えてどうなるん?」「いちごなんて適当に分けるやん」と、心の中でつぶやいている子どもたちに対しては、

「算数には、『算数言葉』というのがあります。だから、ふだんの生活とは切り離して考えてください」

と、算数言語で考える学習なのだと、はっきり認識させる必要があります。日常生活とはかけはなれていても、高学年、中学、高校とつながる学習であることを、はっきりさせる必要があるのです。

問われていることに正確に答える

上記の問題で⋯⋯の部分が、立式に必要な算数言語です。また、——の部分が求める答えです。この要素を抜き出す練習を、低学年時にきちんとやっておくと、中学年以降では、さほど苦労せずに、立式できるようになります。

低学年での練習に効果的なのが、ダミー数字を入れた文章題です(冒頭のものがそれにあたります)。小学1年の1学期からでは早すぎますが、3学期ぐらいからは時々、ダミー数字を入れて文章題をつくり、立式に無関係なものを省く練習が必要です。

「シェーマ図」の統一と簡便化

文章題の数量関係をイメージ化するのに欠かせないものが、「シェーマ図」です。教科書によって、テープ図、線分図、タイル図、関係図、面積図と、さまざまなものが出ています。

低学年で優れているのは、やはり、タイル図でしょう。とくに、2年の位取りの学習や、大きな数をイメージするのに適して

います。ブロックでは大きな数には対応できませんし、数え棒では量として認識するには弱点があります。中学年以降では、面積図(田型《たがた》)が力を発揮します。残念ながら、教科書で面積図が明確に出ているのは、6年生の分数計算です。

教科書によっては、シェーマ図の種類が多すぎて、学年によって変わったり、単元によって変わったりするので、数感覚に課題をもっていたり、文章題に対して苦手意識をもっていたりする子どもにとっては、それだけでハードルが大変高くなってしまうことが多くあります。

学校全体で、2年生のかけ算から、面積図を取り入れていくと、高学年での文章題の正答率が格段に上がります。

【面積図】

面積図は、よく、次のように書かれます。

(岸本ひとみ『算数進度の悩みを解消！ ロケット算数』フォーラム・A) 30・31ページの図・問題出典同様

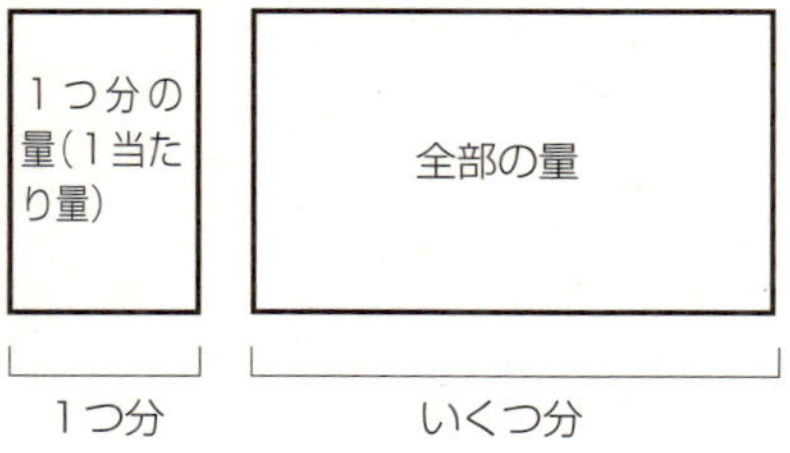

2年　かけ算の面積図

この図は、わり算でも使えますし、もちろん、5・6年生の割合と単位当たり量の学習でも使えます。

「35このりんごを7人で同じ数ずつ分ける。1人何こずつになるか」の問題では、

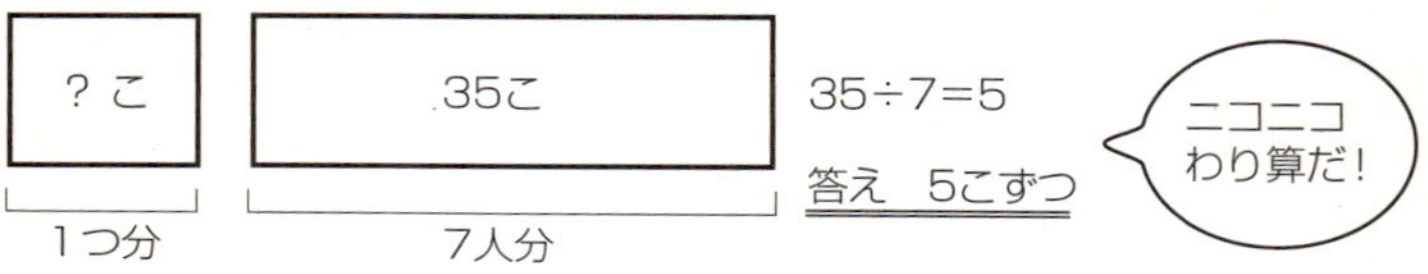

「35このりんごを1人に5こずつ同じ数ずつ分ける。何人に分けられるか」なら

3年　わり算の面積図

この図を使うと、等分除(ニコニコわり算)と包含除(ドキドキわり算)の違いが、明確になりますし、単位のつけ間違いも防ぐことができます。2年生のかけ算で、面積図を使っていれば、難なく描くことができます。

【田型の図】

田型の図は、面積図を簡単にしたものです。

このように4つの区分があるので、大きさを考えずに、シンプルに田の形の図にします。

これが田型の図です。

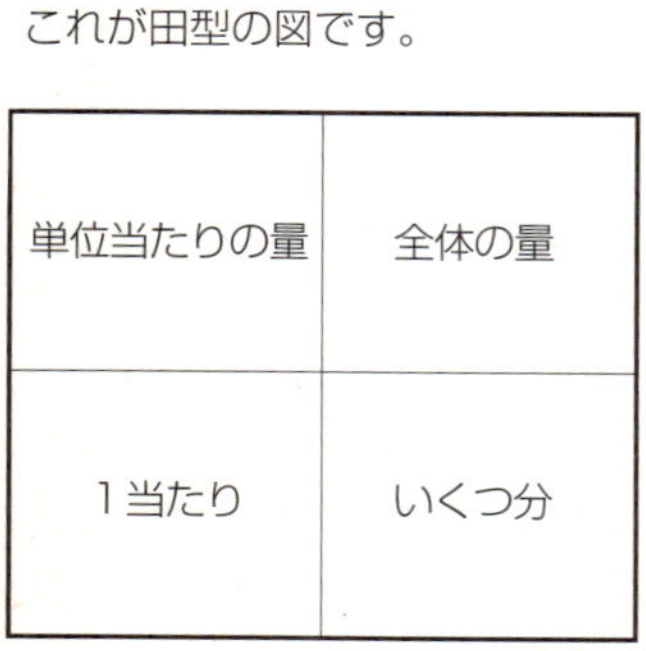

●横の箱同士の単位は同じになります。

●斜めにかけた数が等しくなります。

5年　単位量当たりの面積図

同様に、右記が5年生の面積図です。単位当たり量で、一気に3つ、4つの数字が出てきて、子どもたちの多くがわからなくなりますが、このように整理すると簡単にできます。

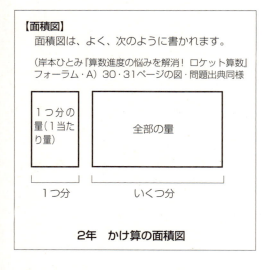

【いくつ分(5年)】
1a当たり12kgのあずきがとれる畑があります。
60kgのあずきをとるには何aの畑がいりますか。

12kg	60kg
1a	？a

60÷12=5
答え 5a

単位をつけると、
60kg÷12kg/a=5a

いくつ分を求める場合

【全体量(5年)】
1a当たり850kgのみかんがとれる畑があります。
6aからは何kgのみかんがとれましたか。

850kg	？kg
1a	6a

850×6=5100
答え 5100kg

単位をつけると、
850kg/a×6a
=5100kg

全体を求める場合

【時間(6年)】
さいたま市浦和から宇都宮市までは、東北自動車道で約100kmあります。
時速80kmの自動車で走ると、何時間かかりますか。

80km	100km
1時間	？時間

100÷80=1.25
答え 1.25時間

単位をつけると、
100km÷80km/時間
=1.25時間

道のり÷速さ=時間

【道のり(6年)】
高速道路を時速70kmで走る自動車があります。
4時間で何km進みますか。

70km	？km
1時間	4時間

70×4=280
答え 280km

単位をつけると、
70km/時間×4時間
=280km

速さ×時間=道のり

6年 速さ・時間・道のりの面積図

小学校卒業時に70％の子どもができる

「うちのクラスでは、ほぼ全員が文章題を解くことができます」と言えればいいのですが、現実にはなかなか難しいことです。

低学年時の訓練と積み上げがないなかで、単年度、または5年生と6年生の2年間で、算数の立式力をつけることを考えると、70％ができるようになれば、目標は達成されたと考えなければなりません。落ち着いて授業ができて、授業準備の時間がたっぷり取れるような学級では、もっと多くの子どもができるようになるかもしれません。

ここで紹介した方法を使えば、経験年数や学級の状態に関係なく、少しの工夫で子どもたちが「わかる」「できる」と感じられるようになります。算数の授業研究の折に、一助となれば幸いです。

問題を解く力と創る力
「困難は分割せよ（デカルト）」

小笠　毅●遠山真学塾

1　ウロボロスの蛇と数学語

ウロボロスの蛇、という言葉をご存じですか。極小から極大の数を、1匹の蛇の姿で表そうという、壮大な数の世界の想像図です。数学や算数では、「数とは何か」が、いつも問われています。

数だけではなく、たす、ひく、かける、わる、といった四則計算などの数学記号やルートの記号などが登場し、日常生活とともに、日常を超える空想的、幻想的な世界を築いてもくれます。

たとえば「3」という数が、何を意味しているのかを、抽象的に言葉だけで説明することは難しいですね。でも、犬が3匹とか、リンゴが3個、人が3人と、具象化するとわかった数のように思えます。ただ「3」という数そのものを、目で見ることはできません。可視化できないもののイメージは、難しいものです。

算数や数学は、これらの数字と数学記号と言葉を組み合わせて、森羅万象を表し、操作できるのですから、おもしろい世界です。たとえば、日本という国を考えてみましょう。

2　立式の大切さ

私たち一人ひとりの国民から構成されている日本の人口は、現在（２０１７年6月概算値）１億２６７４万人です。何人かは知ってはいても、ほとんどの日本人は会ったこともない、知らない人々です。この日本人が税金を払いながら、日本の財政を支えているのですから、これもすごいことです。

ところで、日本の財政規模も、平成29年度予算では97兆４５４７億円です。しかも、目下のところは国の借金が１０００兆円を超えて、２０１６年の財務省の計算では、国民一人当たり８３０万円にもなると言います。ウーン、いつの間にこんな借金をしたのでしょうか。これって実感がありますか。

立式力を身につけると、日本や世界の国々の「今」を考えることもできます。ちょっと借金地獄を知ってゾッとしましたが……。

3　立式力とは、公式で解くことか

立式力という言葉は、昔から言われてきた文章題をいかに解いていくか、といった課題への挑戦でしょう。となると、昔的な解決法は提供されている文意からキーワードを探し、手頃な公式に当てはめていく、いわばパズルの解き方が有効でしょう。

たとえば、速さや時間、距離などという単語を見つければ、簡単な公式「きはじ」を思い出し、数字を当てはめて、あとは計算するだけ、ということになります。

答えを出すには合理的ですが、では、なぜ、「き・は・じ」なのか、という考え方や意味合いが、理解できない場合もあります。答えさえ出せればいいという、現代的な要請に向いてはいるのでしょうが、ホモ・サピエンス（考える人）としては、ちょっとさびしいですね。

算数や数学の歴史は長いので、先人がいわば、人類の遺産としての「公式」や「定理」、「論証」などをいっぱい遺してくれています。

4　たし算の不思議

たし算は古くからある計算で、人々の日

常生活を支える大事な知的な道具でした。「あわせていくつ、加えていくつ」といった数の増え方は、人間の本能を喜びに満たしたでしょう。

算数や数学の文章題は、人類の英知から、インドアラビア数字という「十進位取り記数法」を数字の記号として発明し、「＋たす」「－ひく」「×かける」「÷わる」の四則の計算規則や、その機能をもつ記号を発明し、小数や分数の数字、計算の約束とか規則を決め、さらに、それだけでは足りないと思って、正負の数や無理数や虚数などという、新しい数をつくり、数の機能を拡張し、社会や科学の発展に寄与してきたのです。

たとえば、たし算では、同じ種類や単位でないと、計算ができません。リンゴ２個とリンゴ３個では、全部でいくつかと問い、リンゴが「２個＋３個＝５個」と答えられますが、リンゴ２個とミカンが３個では「リンゴとミカンが５個」とは答えず、リンゴとミカンの上位概念の果物という言葉で「果物が５個」と答えます。

5 たし算にならない例も

ところが同じ液量でも、水１Ｌとアルコール１Ｌでは２Ｌにならず、少なくなるのです。ちょうど小石１Ｌと小さな粒の砂１Ｌをあわせると、小さな砂が小石のすき間にかくれて、わからなくなるのと同じような事象です。もちろん重さでは加法性があり、たし算が成立するのですが。

たし算は「１＋１＝２」を覚えるだけでなく、場合によって、物理やそのほかの科学知識を組み合わせ、考えながら、これはたし算になじむ問題かどうかを検討しなければならないこともあるのです。

なお、たし算には交換法則があり、「２＋３＝３＋２」と順序が変わっても、たし算が成立します。交換法則は、かけ算でも機能しますが、ひき算やわり算にはありません。

6 ひき算の不思議

ひき算は、残りを求める「求残」という性質と「差」を求める「求差」という性質があります。

性質の異なる演算が、同じひき算で求められるのもおもしろい性質です。ただ、正の整数のひき算では、大きい数から小さな数をひくことはできますが、小さい方から大きな数はひけません。

これを利用して、２つ以上の数の大小の比較を試みたり、差異を求めることもできます。具体例で考えてみましょう。リンゴが５個あります。２個食べました。残りは何個ですか。残りを求めるひき算（求残）で、数の大きさを競います。「式 ５−２ 答え３個」です。もう一つの意味は、男の子が５人います。女の子が３人います。どちらがどれだけ多くいますか。これは差を求める計算（求差）です。

余談ですが、もう一つ、ひき算にはカプレカの「４９５の秘密」という、おもしろい性質があります。何でもいいですから３つの異なる数字を頭の隅に隠しておいてください。ここからがひき算の練習。これを大きい順に書いてください。たとえば１、６、９なら大きい順に並べると９６１になります。今度は小さい順に１６９と書いてください。そして、大きい順に並べた９６１から、小さい順の１６９をひいてください。この答えの数を、もう一度大きい順、小さい順に並べ直して、また、ひいてください。これを繰り返し続けていくと、なんと「４９５」という数字が繰り返し出てきます。どうしてでしょうか。また、４桁の数ではどうでしょうか。なんと６１７４と、またまた、どうしてって疑問が出ます。これがおもしろい……。

7 かけ算は変化する

小学２年でかけ算九九が出てきます。このときの九九は、昔の倍での教え方と異なり、「１当たり量×いくつ分＝全部の量」になることを教えます。かけ算やわり算の文章題を解くときのキーワードは、「1当たり量」と「いくつ分（いくら分）」、これがかけあわされることによって、「全部の数量」が計算できる不思議です。

　かけ算には、単位を変える力があります。たとえば「2m×3m＝6㎡」とか「1m×2m×3m＝6㎥」とか、「2㎞／時×3時間＝6㎞」というように、かけあわされた量の単位が変化するのです。

　そこで、かけ算の文章題を解く場合には、いくつかの注意点が出てきます。まず、大きく題意をつかんで、その問題が「何を解くのか」を考えることです。たし算やひき算では出てこない「単位当たり量」と言われる考え方をキーワードにして、これがどのような量に変化していくのかが問われます。

8　内包量とかけ算

　かけ算の類型問題のいくつかを例にして、「1当たり量」「単位当たり量」を考えてみましょう（こういった単位量を算数・数学では「内包量」と言います）。

〈1〉密度の仲間

①物質の密度（g／㎥）から、全体の重さを求めるかけ算の問題。
②収穫度（kg／a）から、全体の収穫量を求めるかけ算の問題。
③含有度（mg／dL）から、ある分量を求めるかけ算の問題。
④速度（km／h）、たとえば、時速や分速、秒速がわかっていて、一定時間に進める距離を求めるかけ算の問題。
⑤混合率（g／g）、単位当たりの物質の含まれ具合から、全体の量をかけ算で求める問題など。

〈2〉そのほかの内包量の問題

　打撃率（本／本）、利息（円／円）、確率（回／回）、欠席率（人／人）など。

　このような「1当たり量」や「単位当たり量」が文中に出て、そのあとに「いくつ分」とか「いくら分」といった言葉がくれば、かけ算であることを見極めて、立式します。

　全体の文脈のなかから「いくつ分」や「いくら分」に相当する言葉や数字があり、そのかけ算の結果が「全体ではどうなるか」を、単位を考えながら立式しましょう。

9　小数や分数のかけ算の不思議

　同じかけ算でも、小数同士のかけ算になると、かける数やかけられる数よりも答えが小さくなるという不思議さがあります。

　たとえば、「0・5×0・5」という数式から、小数同士のかけ算の問題をつくってみましょう。1㎡当たり0・5Lの水をまきます。0・5㎡の庭では水は何L必要ですか。

　1㎡に0・5Lの水をまくのですから、0・5㎡は半分です。だから、水の量は0・5Lの半分でいいことになります。計算すると、答えは「0・25L」になって、常識的にも納得できる数値になりました。小数同士のかけ算は、答えが小さくなるという不思議を感じます。こういった小数の問題では、見立てが大事かもしれません。およその見当をつけてから立式し、計算してみるといった手順が必要です。

　同じ小数の文章題でも、金利などの問題は、身近なだけに興味や関心がもてます。現在の普通預金の金利は、都市銀行で0・001％です。今100万円を銀行に預金したとき、1年後、いくらの利息をもらえますか。0・001％とは少なすぎる感じで、計算もイヤになってしまいますが、「0・001％」とは小数表記にすれば「0・00001」、歩合に直すと「1忽《こつ》」、元金×金利ですから、100万円×0・00001＝10円です。これでは、預ける気もしなくなりますね。

10　わり算の多様さ

　四則計算のなかで、難しくていやがられるのがわり算です。でも、わり算には、ものごとの質的な強さや弱さなどの分析に適した側面があり、よく使われます。

わり算には、等しく分けるという計算と、何人に配れるかという計算があります。8個のあめを2人で等しく分け、1人当たりの量「8個÷2人＝4個」を求める計算が「等分除」と、全体の量を1人当たり2個ずつ同じように分けるとき、何人に分けることができるかという「8個÷2個／人＝4人」を求める「包含除《ほうがんじょ》」の、2つの異なる意味があります。

このほかに、わり算もまた、かけ算と同じように、単位を変えることができます。「8m³÷4m＝2m²」や「9L÷3m²＝3L／m²」などのようになります。

このように算数や数学の記号や数字を組み合わせると、人間社会のいろいろな現象や事象を数字や数式で表すことができます。

先ほどの内包量の記号をご覧ください。多種・多様な記号が、それぞれの意味をもちながら、多様・多彩に使われていますが、人々の生活や行動、そして社会活動が活発になり、複雑になればなるほど、新しい量の記号や単位が生まれることを意味しています。

かけ算やわり算を使って、必要があれば、新しい記号をつくり、また組み合わせることによって、大きな役割を果たすことができるのです。

11　原発事故で生まれた数学記号

2011年3月11日は、東日本大震災の日です。被害は2016年12月9日の時点で、死者・行方不明者だけで1万8449人を数え、福島原発問題も解決のめども立たない状況だそうです。この原発問題とともに、耳に聞きなれない原子力問題で使われる、いろいろな単位や数字などが、テレビや新聞で使われはじめました。それまでの日本では縁のないものでした。

たとえば「シーベルト」。1999年に起こった東海村のJCO事故以来、関心のある人々は知ってはいましたが、2011年の福島原発事故はその規模が違っていました。私を含め多くの国民は、作曲家の「シューベルト」は知っていても、放射線の単位「シーベルト」には、ほとんど関心がありませんでした。あの日から「シーベルト」ってなんだ、と大騒ぎになりました。

胸部レントゲン撮影による被ばく量は、0.1mSv（ミリシーベルト）、原発従事者などの被ばく量の限度は50mSvで、年間で100mSv以下と決まっています。学校の算数や数学では、現実に生起している原発問題などはあまり扱われませんが、事実を探求したいと思ったら、このような生々しい計算も必要になるのです。

12　立式力を育てる視点

算数や数学は、数字や数学記号などを見ながら、統計的な事実を直視するとともに、数字に隠されたいろいろな意味を計算によって、解明していくおもしろさがあります。

たとえば、米国や中国、日本のGDP（国内総生産・2016年）は、順に約18兆6000億ドル、11兆2000億ドル、そして、日本は4兆9000億ドルでした。

これを国民全体でわって、国民一人当たりのGDPを計算し比較すると、総額では3位の日本が、中国よりも生産性が高いことや、労働の質的な差異を表すこともできます。立式力を高めていく視点といってもいいでしょう。こういった社会の質をえぐりだす力こそ、分析力とか総合力と言っていいのかもしれません。

かつてフランスの哲学者デカルトは、分析と総合の科学的な手法を考え、「困難は分割せよ、しかる後、総合せよ」と言いました。これが近代的な方法として世界の見方を変えたのです。

今回のテーマ「立式力を育てる」は、そのことを証明しているように思うのです。

1年

数量の意味を問い直す

井出誠一 ● 長野県岡谷市立岡谷田中小学校

1 たし算やひき算は同種の数量で定義される

1年生で学習する演算はたし算とひき算である。文章題はたし算やひき算の意味を定義したり、計算の仕方を考えたりするための場面として、示されることが多い。たとえば、次のような文章題である。

> くるまが 8だい とまって います。3だい くると、なんだいに なりますか。

このとき、文章題に出てくる8や3という数は、どちらも車の台数を表している。「8＋3」で求められる11も同じく車の台数である。たし算やひき算は、「同種の数量」で定義される演算なのである。逆に、

> ぞうが 4とう います。りんごが 3こ あります。あわせて いくつでしょう。

という場面は、たし算で定義できない。ぞうの数とりんごの数は、異種の数量である。むりやり「4＋3」の演算をしても、求められる7には意味がない。

2 異種の数量を同種の数量に変換する

そんななか、1年生では次のような文章題が登場する。

> のりものの けんが 14まい あります。9にんの こどもに 1まいずつ わたすと なんまい のこりますか。

14は乗り物券の数、9は子どもの人数。すなわち、両者は異種の数量である。

したがって、このままでは「14－9」の演算は成立しない。そこで、異種の数量を同種の数量に変換する必要がある。乗り物券1枚と子ども1人を、図1のように線でつないで、「1対1対応」させるのである。

これによって、子どもの人数を表していた9は、子どもに渡される乗り物券の枚数に変換され、「14－9」は「乗り物券全体の枚数－子どもに渡される乗り物券の枚数」の意味となる。すなわち、同種の数量によるひき算が成立するのである。

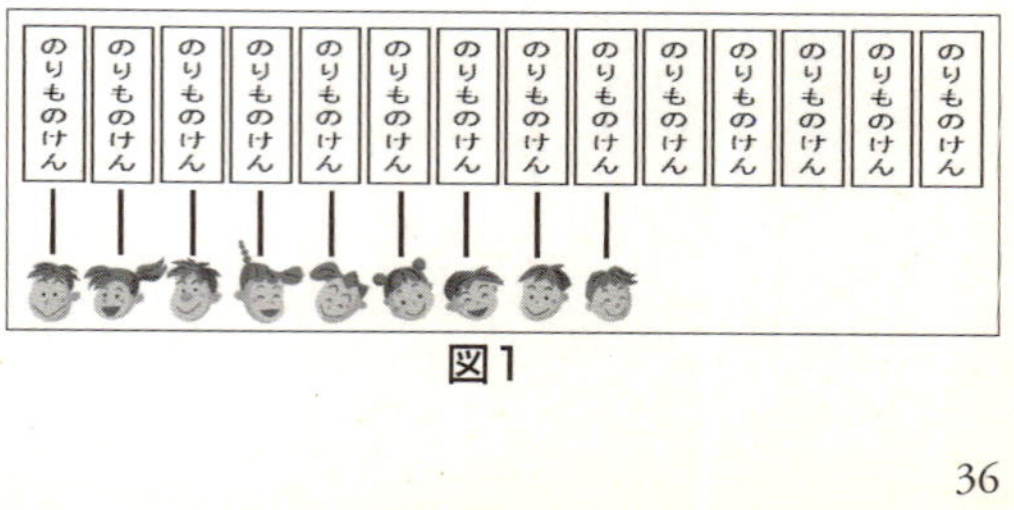

図1

3 「9って何のこと?」

この文章題では、「14－9」と立式できる子は比較的多い。しかし、前述のような数量の意味を理解できている子は必ずしも多くない。そこで、立式できた子に「9って何のこと?」と問い直してみたい。文章題に出てくる数量を、手当たり次第に演算記号でつなぐだけの傾向に歯止めをかけるためである。

立式の意味を問い直し、適切な演算決定ができる態度と能力を育てるために、この文章題で、数量の意味を問い直すことには大きな意味がある。

1年

つまずきを自信に

諸岡朋子● 東京都港区立白金の丘小学校

「全体から部分」「ちがい」を求める問題は図を使ってスッキリと

1年生の文章題の最大のつまずきは、求補と求差でしょう。今まで、「あわせて」「のこりは」など、明らかに、たし算かひき算かがわかるキーワードがあったのに、それがないのです。

「この言葉があるから」ではなく、「こういう意味だから」と、文章題を読み取る大切さに気づく学習です。

> うさぎが8ひきいます。
> くろいうさぎが3びきです。
> しろいうさぎはなんびきでしょう。

教科書ではブロック操作によって、立式することになっています。ですが、文章題の意味を理解するのに苦労している子どもにとっては、ブロックの操作の仕方も考えなくてはいけない、ブロックが何を表しているのかも理解しないといけない。もう、黄色いブロックが白いうさぎなのか、黒いうさぎなのか、何なのか混乱してしまいます。

そこで、図を使って、文章題をスッキリと読み取ることにしました。

①黒いうさぎの数だけうさぎの枠のなかを塗らせ、□に数を書き込ませる。

②ワークシートに描いた図を実物投影機で映し、何人もの子どもに、求めるうさぎはどれか指させる。

③立式する。

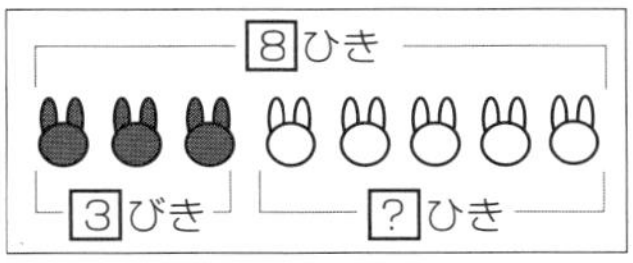

ほとんどの子どもがひき算にしています。

しかし、算数が大の苦手なある男の子は、たし算にしていました。ただ、じっと図を見ています。それから、「あっ、たし算じゃない！」とひき算に書き直しました。どうして気がついたのか聞いたら、「うさぎ全部の数よりも多くなっているし、答えが大きくなっているし」と答えました。図があったからこそ、気づけた間違いでした。

また、なぜ、たし算ではないのかと聞くと、「だって、うさぎの全部の数はもうわかっているでしょ」「たし算は、たとえば、バスに人が乗ってくるみたいに、新しいものが増えてくるでしょ。でも、この絵を見ても、うさぎは新しいものは増えてないよ」と、説明してくれました。図があることで理解でき、子どもは説明しやすいようでした。

ほかの先生からも、「ずっとブロックでやっていたが、わかりにくくて困っていた。図を使ったことで、子どもたちがすぐに理解した」と喜んでいただけました。

ちがいを求める問題も、同じように図を使って行いました。

①□に数を書き込ませる。

②1対1対応できるものを線で結ぶ（ちょうど水泳でバディを組ませていたので、バディをつくろうと言っていました）。

③前時と同様、図のなかで違いはどれか、全体で確認する。

④立式する。

図の使い方や見方に慣れてきたようで、子どもたちはあっという間に立式し、答えを出していました。

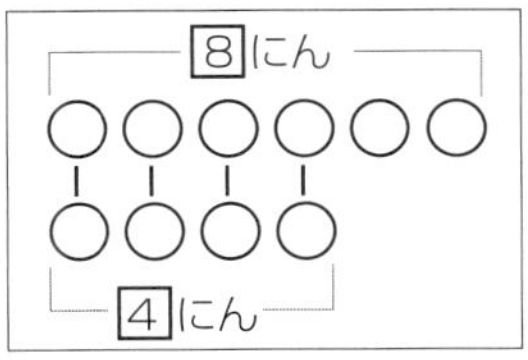

計算が苦手で、算数がきらいだった子が、「ひき算、好き。簡単。ぼく、算数名人だ！」と、自信満々の姿が忘れられません。

2年

たし算とひき算

樋口理恵 ● 東京都公立小学校

減っているのにたし算?

> 【問題】箱の中のキャラメルを13個取り出しました。箱の中にはまだ、11個のこっています。はじめに何個あったでしょう。

この文章題は、「ぜんぶで」「ふえて」「へって」「ちがいは」などのいわゆる「キーワード」によって演算を決めるわけにはいきません。キーワードをもとにして考えると、かえって正しい立式ができなくなってしまうのです。たとえば、私のクラスで「取り出したから、キャラメルはへった。だからひき算」という意見が出ました。

たしかに問題文の場面は減法ですが、これは加法を使って答えを求める「逆思考の問題」です。計算自体は簡単でも、立式が難しいのです。たし算の文章題は出てきた数と数をたせばいい、ひき算の文章題は大きい数から小さい数をひけばいいと思っていた子どもにとって、こんなに難しい問題はないかもしれません。

キーワードのみで問題を解くのではなく、数量の関係を理解して立式することが大切です。そのためには絵やテープ図を用い、子どもたちが理解する必要があります。

キャラメルからテープ図へ ～絵や図を用いた演算決定～

私は、子どもたちが絵や図を描いて問題を考え、それを中心に授業を進めていくようにしています。キャラメルで文章題を出すのは、それが身近なものであるのと同時に、算数ブロックに形が似ているからです。具体物から半具体物、さらに絵・テープ図へのつながりをイメージしやすいと考えています。

授業では、キャラメルに見立てた算数ブロックが24個入った箱を用意します。箱の中から13個取り出し、次にのこりの11個を見せます。その後、はじめに箱の中に何個あったのかを求めるということを確認します。実際に操作して見せ、状況を子どもたちが理解できるようにします。

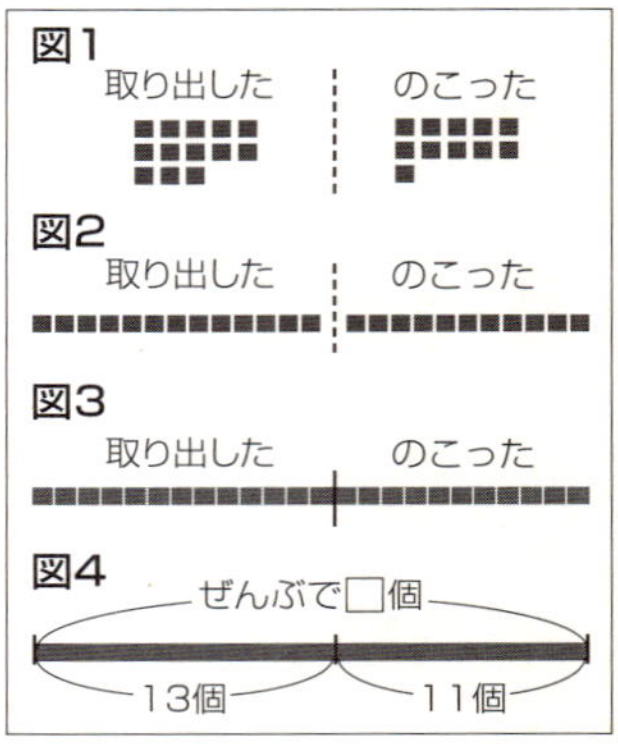

次に、子どもたちが自分で問題を考えます。算数ブロックを使いたい子は自由に使います。考えた過程を絵や図を使ってノートに記述させ、それを使って発表してもらいます。

発表をもとに子どもたちとより「速く・簡単で・正確に」できるかという視点で意見交換を行います。具体的には「もっと簡単な図に変身させていこう」と提案します。「算数ブロックは■にしてもいい（図1、2）」「■の間はくっつけると見やすい（図3）」「■をくっつけると長い▬になる（図4）」というように、子どもたちとやりとりをしていきます。すると、だんだんとテープ図の考え方がより簡潔なものだと気づいていきます。

最後に、改めてテープ図を完成させます。未知数に□を、わかっている部分に数を入れ、問題文と対応させます。このテープ図を見ながら「全体を求めるからたし算である」とまとめます。このように、絵や図を描いて段階的に子どもたちが考えることで、数量の関係を理解し、立式力が伸びていきます。

2年

文章題に向かう構えを新たにする

下石暢彦 ● 宮崎県都城市立明道小学校

1 つまずきのはじまりは、低学年時にあり

文章題では、問題場面を具体的にイメージしていくことが大切である。

高学年になって文章題ができなくなってしまう多くの子は、低学年時に問題場面をイメージする活動を十分に行ってきていない。低学年時は、問題場面をイメージしなくても解けてしまう問題が多いのも事実である。1年生であれば、たし算学習のときは、たし算ばかり、ひき算学習のときはひき算ばかり……。それほど考えなくても、立式できてしまう。

加えて、「たし算言葉」「ひき算言葉」なる指導法も、問題場面をイメージする活動を省略させる要因になっている。

たとえば、問題文に「来ました」「みんなで」という言葉が入っていれば、「たし算」ということになるというものである。問題場面をイメージすることなしに、このキーワードのみを頼りにして、問題を解いてしまう子どもたちが続出する。

2 絵による具体化で、イメージをもたせる

2年生の文章題に次のような問題がある（平成27年度版『わくわく算数2上』啓林館）。問題文を提示し、音読した後、「この問題は、何算かな?」と発問した。

はじめに　子どもが　24人　あそんで　いました。
そこへ　友《とも》だちが　来《き》ました。
みんなで　35人に　なりました。
何《なん》人　来ましたか。

子どもたちは、「たし算」であると反応した。その理由を聞くと、「『来ました』『みんなで』という言葉があるから」と返ってきた。このやりとりだけでも、さきにあげた子どもたちの実態が見えてくる。

そんな子どもたちに、「それじゃあ、この問題場面を絵に表してください」と、問題場面をイメージするための絵による具体化を求めた。

3 文章題に向かう構えを新たにする

A児は、○で子どもの数24人を表した。

続けて、「友だち」をB児に描くよう促すが、手は動かない。するとC児が「わかんないから大きく○を描いておけばいいんじゃないの?」と反応した。これには、一同納得したらしく「それがいい!」と、多くの子どもたちが賛成してくれた。最後は、全体を大きく囲んで、「みんなで35人」と書き込んだ。

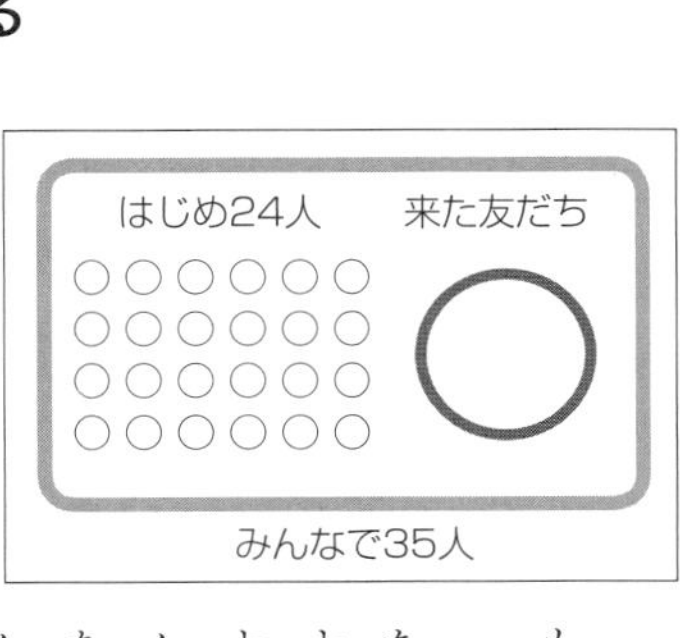

ここまできたところで、そこかしこから、「ひき算だ!」という言葉が聞こえてきた。すかさず、この言葉を取り上げ、意味の解釈を求めた。子どもたちは、絵による具体化によって、問題場面を具体的にイメージし、正しく立式することができた。

そのあとでもう1問、類題を解かせることが大切である。できることを実感した子どもたちからは、

● たし算言葉なのに、ひき算になった。
● たし算言葉にだまされてはいけない。
● 絵に表すことって大事だ。

という反応が返ってきた。文章題に向かう構えを新たにすることができた。

3年

立式力を育てるための習慣づけ

八ッ橋祐太●千葉県松戸市立南部小学校

「わり算」の単元に、次のような問題がある（平成27年度版『新しい算数3上』東京書籍）。

> さやかさんと妹で、14個のクッキーを同じ数ずつ分けます。先に、妹に4個あげました。
> 妹には、あと何個あげればよいでしょう。

1 立式力がないと

この問題を授業ではじめて取り上げたとき、子どもは「分ける」という言葉から、わり算の問題だと考えて、取り組みはじめた。しかし、「14÷4」がわりきれないことに気がつくと、たし算やひき算を試しはじめた。その結果、何算かわからなくなる子どもが現れた。

子どもは無意識に、「1つの式で問題が解ける」とか、「問題文にある数字2つを式に当てはめればよい」と思い込んでいる傾向が強い。そのため、文章をじっくり読んで解決しようとするのではなく、とにかく式に数字を当てはめて、妥当そうな答えを探そうとしていたのだ。

2 文章題を読んで、図に表すこと

この文章題のポイントは、隠れた数字「2」を見つけることである。ここに気づくことができなければ、問題場面を把握することはできない。

問題場面を把握しづらいと感じたときには、図に表すように私は指導している。図に表すためには、当然問題文を読まなくてはならない。何となく問題文を読むのではなく、「図に表すために」という目的意識をもつことで、問題文をより注意深く読むことにつながると考えている。

3 図を読み取って、式に表すこと

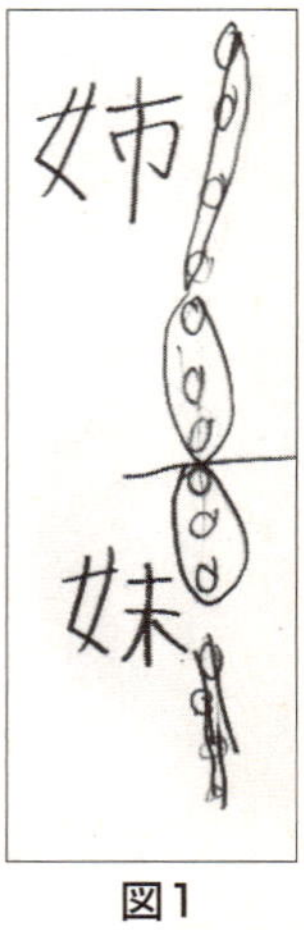

図1

図1を描いた子どもは、図に表して答えを導き出せていたが、式に表すことができていなかった。しかし、この図を見た隣の席の子どもは式に表すことができた。図に表す力と、図を式に表す力は、違うものだと強く感じた。

図を式に表す力は、授業のなかで伸ばしやすい力だ。教科書に載っている図だけを提示して学習したり、比較検討の場面で、図から提示して式に表したりすることもできる。また、「ノート展覧会」を行って、友だちの図を読み取り、式に表す学習も効果的だ。

4 立式力を育てるために

立式力は算数的な表現力の一つだ。立式力だけを育てようとしても育つものではない。算数的な表現力である問題を把握する力、問題文を図に表す力、図を式に表す力など、さまざまな算数的な表現力を育てることが、立式力の育成につながる。

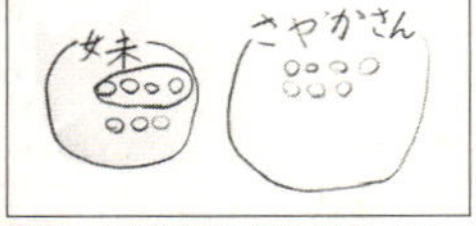

図2 問題場面を表した子どもの図

3年

逆思考の問題で、図を取り入れる

平川 賢● 千葉大学教育学部附属小学校

たとえば、「わり算」の単元テストの文章題で子どもがつまずくことはほとんどない。なぜなら、式は必ずわり算であり、文章中に出てきた数を並べるだけだからだ。子どもたちは、文章を読まなくても立式できるため、立式力が身につかない。結果として、学力テストのような広範囲の単元から出される問題で、何算なのかはじめて迷うことになる。

文章題の中身に向き合うように日頃から取り組んでいれば、立式力はおのずと身についてくる。しかし、わり算の単元で、かけ算の問題をひっかけに入れるような指導も、わり算そのものの学習にそぐわない。

そこで、3年生において大切にしたいのは、「□を使った式」という単元である。

1 たし算・ひき算において

「ビー玉を15個持っています。何個かもらったので、ビー玉は24個になりました。何個かもらったビー玉は何個ですか」

途中のわからない数に□を使って、問題場面を式に表すことを学ぶ単元である。この問題の□を使う式は「15+□=24」であり、解決する式は「24−15」となる。問題場面はたし算であるのに、解決方法はひき算になる。子どもが立式について、考えねばならない場面である。ここで、「なぜ、ひき算で求められるのか」を答えるのに、図が有効な手段となる。2年生で「テープ図」に表す学習をしているが、3年生ではそれを発展させ、「線分図」で表せるようにする。

①はじめに15個もっていた。
②□個もらった。
③全部で24個になった。

線分図は描くのが難しいように思われがちだが、実は、問題文に書かれている通りに表すことで完成できる。

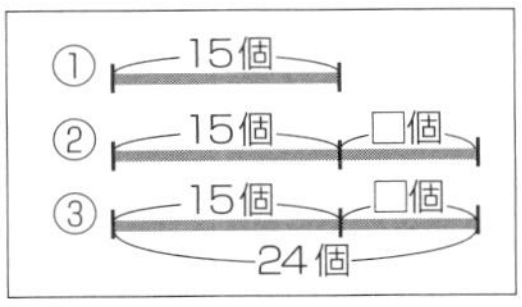

図を見ると、「24から15を取り除けば、□になる」と、ひき算であることが説明できる。

このように、「図」を使うことは重要である。図に表すことは、文章題の問題場面を把握することであり、その図が立式の根拠に使える。図に表すことを子どもたちが理解し、図を使えるようになることが、立式力の育成に大きくかかわってくる。

そして、図を使う必要性が最も高いのが、この「□を使った式」の単元である。

2 かけ算・わり算において

同単元でかけ算やわり算も扱われる。

「あめを8個買ったら、代金は72円になりました。あめ1個分のねだんは何円ですか」

これも、いわゆる逆思考の問題で、問題場面はかけ算のようになっているが、解答の立式はわり算だ。これも問題文を下のような「比例数直線」や「関係図」に表すことが必要になる。ただし、この図は子どもが自主的に描くことは難しいので、数値の穴埋め程度にするなど、工夫が必要である。

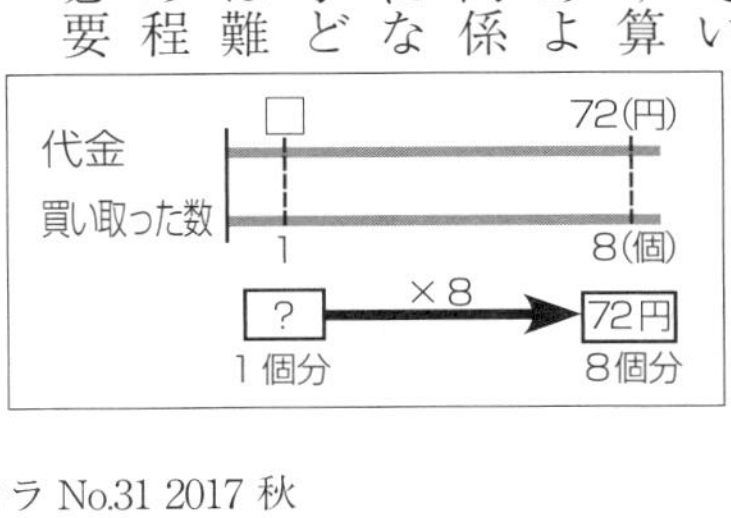

いずれにせよ、「問題→式」ではなく、「問題→図→式」というように、スモールステップを踏むことで、立式につなげる力をつけていくことが重要である。

4年

逆思考（巻きもどし型）で、乗除計算と加減計算を組み合わせる

岸本ひとみ ● 兵庫県稲美町立天満東小学校

ケーキを5こ買って、100円の箱に入れてもらい、900円はらいました。
ケーキ1このねだんは何円ですか。
（平成27年度版『わくわく算数4下』啓林館）

板書①
式
答え　1こ＿＿＿＿円

4年生になると、四則計算が一通り完成します。そこで、加減算と乗除算が組み合わされた上のような文章題で、立式力をつける必要があります。また、要素の数が3つになり、逆思考が求められることで、混乱する子どもが多いのが、この型です。

題意をつかむ

まず、「ケーキ1このねだん」を求めるのだから、答えは「1こ□円」をさきに提示します（板書①）。これによって、答えの見当づけができます。

図を描く

教科書では、関係図や線分図を描くことになっています。低学年時から、図を描くことに慣れていて、線分図が描ければ理想的です。

しかし、左の関係図や絵図のような、より具体的なものでないと理解できない子どもも多いのが、4年生の実態でしょう。どちらでもかまわないので、ノートに正確な場面把握の図ができればOKとします。

関係図

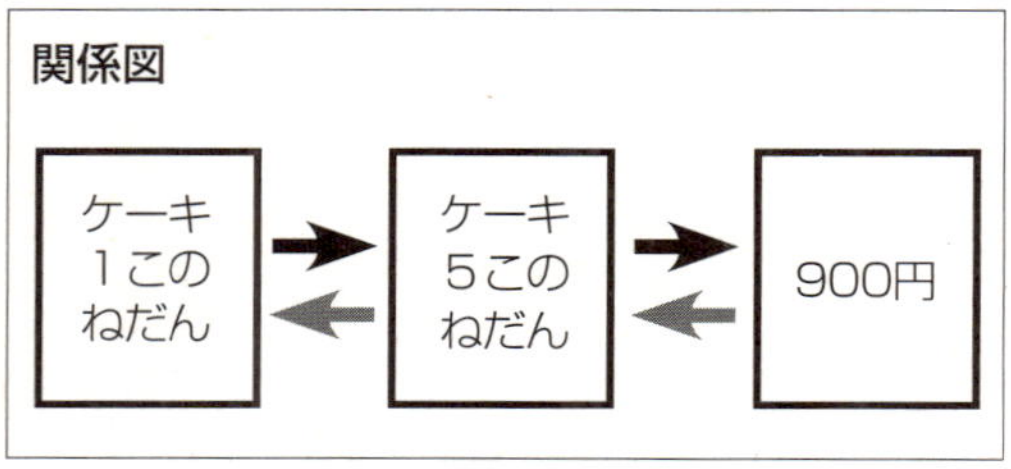

絵図

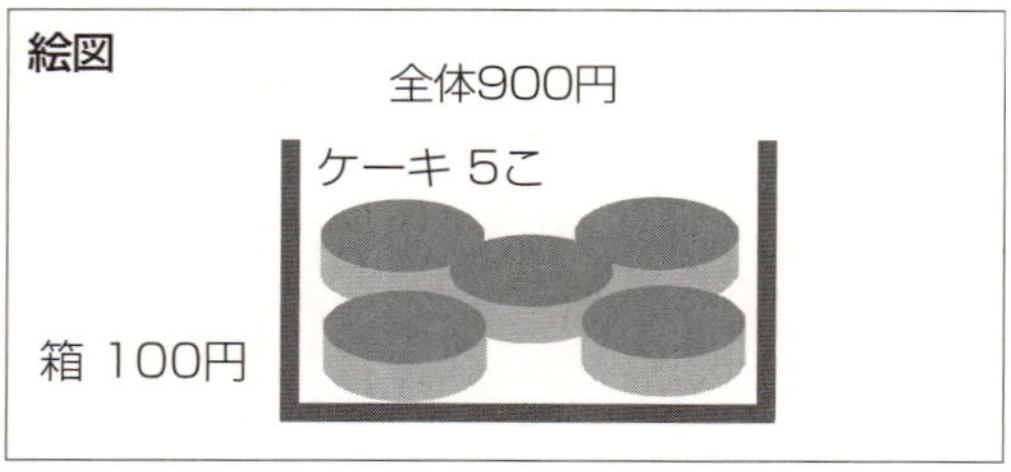

立式する

図があれば、ほとんどの子どもが板書②のように立式できます。逆思考の問題に取り組むときに、「巻きもどして考える」という指導言語がたいへん有効です。

現代っ子ですから、DVDの巻きもどしと、同じ感覚で捉えることができます。

板書②
●巻きもどし問題
式　900－100＝800
　　800÷5＝160
答え　1こ　160　円

練習問題を2つ解く時間を確保する

板書や先生、友だちからのヒントがあって解けたとしても、自力では難しいものです。練習問題を、少なくとも2つ解く時間を確保して、授業を組み立てます。最低でも20分は必要です。

その際に、1つめは例題と同じパターンで、ひき算、わり算の順のものを出します。

2つめでは、たし算、わり算の順になるものを準備しておきます。

4年

文章題にこそ、算数的表現のよさがある

森居 昭 ● 宮城県松島町立松島第二小学校

本校では、算数の授業での「学び合い」を通して、日々、数学的な考え方の育成に取り組んでいる。

4年生で、単元名「わり算の筆算（1）」の「除法の意味の拡張（倍の計算）」での文章題を取り上げる（平成27年度版『新しい算数4上』東京書籍）。

ここでは、割合の第1用法・第2用法・第3用法に発展する学習内容を取り上げる。まさに、高学年の学習内容へと広がる基礎的・基本的な学習にあたる。

そこで取り上げたいのは、第3時の学習活動と文章題である。

本時の目標

> ●基準量を求める場合は、□を用いて乗法の式に表し、除法を用いて□を求めればよいことを理解させる。

文章題

> 親のヒョウの体重は、子どものヒョウの体重の6倍で、72kgです。子どものヒョウの体重は、何kgですか。（前掲）

1 立式までの見通しをもたせる

小単元を通して、テープ図数直線を用い、文章題を量的なイメージに変換すること、また、文意に即して立式できるようにすることを指導の中心にする。

①前時までの学習を振り返る

まず、テープ図数直線を用いるときの基本は、「もとにする量」×何倍＝「比べる量」と、全体で確認する（小単元を通して図を活用）。

②文章題を理解する

次に、文章題を提示し、本時では「もとにする量」「比べる量」「何倍」のどれを求めるのかを確認し、立式の見通しをもたせるようにする。

2 文意に即して立式させる

実際に答えを求める計算は、「72÷6」というわり算になる。

しかし、文章題に即して考えれば、子どものヒョウの体重の6倍が親のヒョウの体重であるから、式は、「□×6＝72」となる。

文章題に即して立式することが本時の目標を達成することになる。

そして、このことがいちばん重要である。

3 適用問題をいちばん大切にしたい

どんなによい「学び合い」の授業ができたとしても、いちばん大切なのは、本時の学習の目標が達成されたかどうかである。すなわち、適用問題を自力で解けることである。終末には必ず適用問題に取り組み、一人ひとりの定着を確認したい。

文章題の傾向が同じでも、言葉や数値が違うと、途端に立式できなくなる子どもがいるからである。文意に即して、読み取り演算を決定し、立式できてこそ、確実な立式力の育成につながる。

そのためにも、ドリルなどの多様な文章題に取り組ませ、慣れ親しませることで、算数の表現のよさに触れ、さらに、立式力の育成を図っていきたい。

5年

基本の構造文を見つけ、素直に立式！

佐々木智光●千葉県佐倉市立染井野小学校

私が考える5年生の算数の立式のポイントは、「AはBのC倍」という構造文である。この構造文は5年の「割合」、6年の「速さ」など、今後の単元に応用できるからである。

さて、割合を指導する際、次のような公式を教えることが多いのではないだろうか。

割合で使われる「くもわ」の公式

「く＝比べる量」「も＝もとにする量」「わ＝割合」とし、「く＝も×わ」のように公式に当てはめて、解を求める方法である。

しかし、この公式で解を求めるときに、大きな障害となるのが、「比べる量」「もとにする量」がどれかがわかりにくく、立式できないことである。

そこで私は、シンプルな基本の構造文を1年間、繰り返し児童に意識させている。「AはBのC倍」、これを立式すると「A＝B×C」。この立式ができれば、「B＝A÷C」などは、式の変形にすぎないので、わざわざ公式を覚えることはない。

では、実際の教科書の問題で考えてみよう。「小数のわり算を考えよう」(平成27年度版『新しい算数5上』東京書籍)に、次のような文章題がある。

「れなさんの家には、生後10日の犬がいます。今の体重は630gで、生まれたときの体重の1・8倍です。生まれたときの犬の体重は何gでしたか」

この単元では、小数のわり算だからと、いきなりわり算で立式しようとして、わからなくなるつまずきが見られる。そこで、文章の中からポイントとなる構造文を見つけ出して、立式することが重要になる。先ほどの文章題から、基本の構造文を見つけてみよう。

すると、「今の体重は(630gで)、生まれたときの体重の1・8倍」という記述がこれに当たる。次に、これを立式させるのだが、ポイントは素直に語順通り、言葉通りに、式にしていくことである。「今の体重＝630g」、「は」を「イコール」に置き換え、「生まれたときの体重」はわからないので□に、「1・8倍」は「×1・8」にする。すると、「630＝□×1・8」という式が成り立つ。後は□を求めるために、「□＝630÷1・8」と式を変形させればよい。こうした式の変形が苦手な児童には、数字を簡単にして考えさせる。たとえば、「6＝□×2」とする。これなら「□＝6÷2」と変形するのはたやすい。あとはこうした経験を積むことで、式の変形を習得できる。この変形を覚え、「AはBのC倍」という構造文を見つけることができるようになれば、「単位量」も「割合」も「速さ」も同じ考え方を使って、解を求めることができるのである。

今の体重は630gで、生まれたときの体重の1.8倍
A　は　B　の1.8倍
630=□×1.8

また、わり算の「わる数」と「わられる数」を間違ってしまうこともある。かけ算のときは「A×B」も「B×A」も同じ解答になるが、わり算の場合は「A÷B」と、「B÷A」では大きく解答は異なる。もし、わる数の順番を間違ったときに、自分で誤答に気がつくことができるように、「見通し」をもたせることも重要である。今回の例だと、生まれたときの体重は、630gより軽いのか重いのかを予想すると、計算ミスにも強くなっていく。

あれもこれもと公式を覚えさせるのではなく、応用が利く基本の構造文を見つけて、立式させることが重要である。

5年

「小数のかけ算」の文章題が「割合」へとつながる

福山憲市● 山口県下関市立吉見小学校

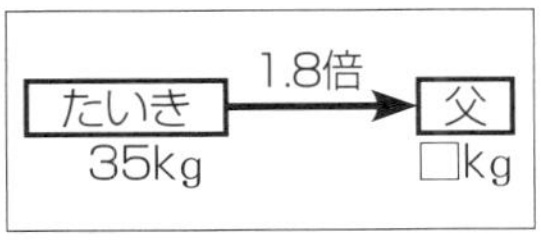

　たいきさんの体重は35kgで、お父さんの体重は、その1.8倍だそうです。
　お父さんの体重は何kgですか。

　「小数×小数」(平成27年度版『わくわく算数5』啓林館)の1学期の文章題で、3学期の「割合」につながる重要な問題がある。

　教科書には、ヒントとして「たいきさん」と「お父さん」の関係を示す図が描かれている。

　この「関係図」を生かして、「割合」への布石を打っておくのである。

　この文章題を読んだ後、次のような質問をする。

●誰が出てきましたか。
○「たいき」と「父」の紙を貼る。
●「35kg」は、どっちの体重ですか。
○「たいき」のそばに書く。
●お父さんは「たいきさんの体重の何倍」と書いてありますか。
○「1・8倍」
●「たいきさんの体重と比べているのは、どの言葉でわかりますか」
○「その」→**言葉の変身**→「たいきさんの体重の」
○ここで、教科書の関係図のような「→」を黒板に書く。「矢印」が**「比べっこ」**を表していることを押さえる。
　これを「割合」の学習に生かす。
●ここで、矢印のスタートを**「もと」**ということを伝える。
●この後は、数値の置き換えをする。
○たいきさんが「1kg」で、お父さんは、その「3倍」とする。こんなふうに簡単な数値で、すぐに暗算できる問題に変える。どの子もできる。
○慣れてきたら、教科書問題の数値に戻す。
●問題が解けたら、この問題が3学期の「割合」に出てくることを確認する。
○「3学期によく似た問題が出てきます。何ページか探してください」と質問する。172ページである。
○こうすることで、1学期の学習が3学期の「割合」につながっていることを知る。今、しっかりやっておくと、学習したことが3学期に生きることを押さえることができる。
●「割合」を意識させたところで、「類題」を出す。
○体重問題
○2つのものの「比べっこ」問題

　当然、関係図を書かせて、立式させる。どちらが**「もと」**かを、しっかりと書き込ませる。

　子どもたちには「比べっこ」問題として毎時間の最初に提示する。

　問題をいろいろと変えても、解き方は「同じパターン」なので、どの子もあっという間に立式・図を書けるようになる。

　この「小数のかけ算」の文章題で「割合」の布石を打っておくことで、「小数のわり算」で、「比べっこ」問題が出てきてもスムーズに解法へと向かう。

　5月で「割合」に対する意識を高め、そんなに難しいことではないという意識をもたせておく。「小数のかけ算」の問題は、重要な「布石」問題と考えている。

6年

文章題の意味と解法をかけわり図で

秋田敏文●東京都世田谷区立弦巻小学校

1 この文章題を使おう

「畑1㎡当たり$\frac{2}{3}$Lの水をまきます。水は$\frac{3}{4}$Lあります。全部で何㎡の畑にまけますか」

この問題の正解は$\frac{3}{4}$L÷$\frac{2}{3}$Lです。私は、この問題を、6年生で分数の乗除の学習がひと通り終わった子どもたちに、まとめの問題として出題します。

なぜなら、まず、かけ算なのかわり算なのかがわかりにくい問題だからです。「全部で」とありますから、かけ算であるようにも見えます。さらに、わり算だとわかっても、どちらをどちらでわるのかが、またわかりづらいです。

したがって、乗除の意味をよく理解していないと解けない問題です。そのような意味で、この問題は子どもたちの乗除に関する認識を調べる、リトマス試験紙のような問題であると言えます。

2 「かけわり図」での解法

私は子どもたちに「かけわり図」という図を教え、それを使って文章題を解かせます。「計算はできるけど文章題が解けない」最大の原因は、読解力がないことではなく、解くための手段をもっていないことです。そのための手段として、かけわり図を使います。

かけわり図とは何か。たとえば、「1皿に2個ずつリンゴがのった皿が3皿あったらりんごは6個」という場面があるとします。それを下の図のように表します。

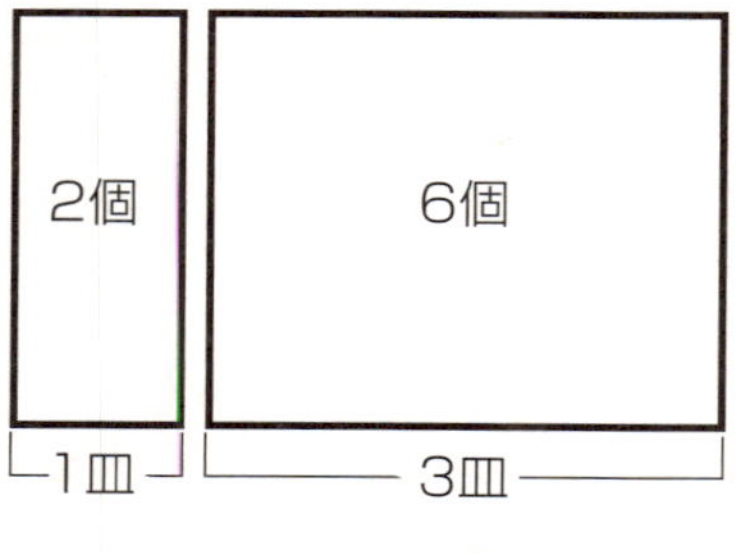

1皿当たり2個の部分を「1当たり量」、3皿の部分を「いくつ分」、6個の部分を「全体量」と呼びます。

これを最初の文章題に当てはめると左の図のようになります。つまり、この問題は「全体量と1当たり量がわかっていて、いくつ分を求める問題だ」と分析することができるのです。これで問題の意味がつかめました。

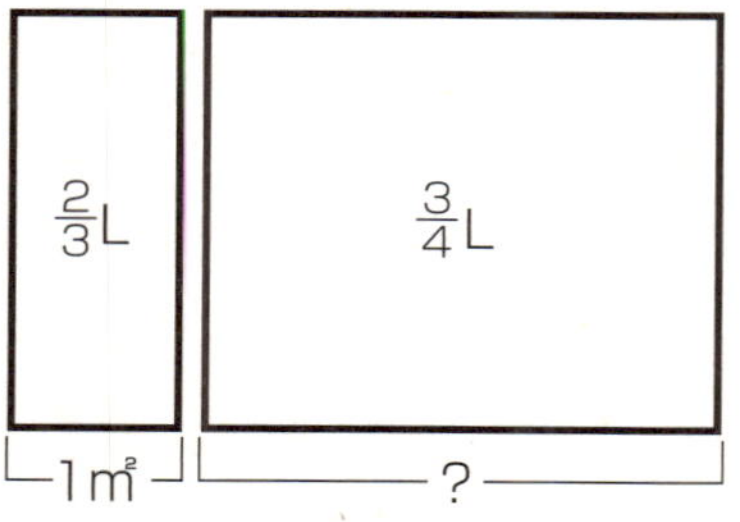

次に立式ですが、この図を長方形の面積のように見立てると、$\frac{3}{4}$Lは長方形の面積、$\frac{2}{3}$Lは縦の長さ、「?」は横の長さに当たります。したがって、この問題は、長方形の面積と縦の長さから、横の長さを求める問題と同じ構造、というように考えます。横の長さは、面積÷縦の長さで求めます。だから$\frac{3}{4}$L÷$\frac{2}{3}$Lとすればよい、というように子どもたちは立式することができます。

かけわり図の指導について、ここでは概要のみになりましたが、授業の詳細は筆者のホームページ（「アキタマンの授業作りページ」で検索）を参考にしてください。

6年

分数のかけ算の土台になる場面とは

鶴岡武臣 ● 東京都八王子市立弐分方小学校

1 分数のかけ算の難しさ

「1dLで板を$\frac{4}{5}$㎡ぬれるペンキがあります。このペンキ$\frac{2}{3}$dLでは、板を何㎡ぬれますか」

分数のかけ算の立式が難しいのは、分数自体、その大きさをイメージしづらいからだ。それに加えて、「増えるのがかけ算、減るのがわり算」という、なかなか、取り去ることのできない演算の印象が加わって、子どもたちを迷わせている。

立式には計算のイメージが大切だ。「×分数」の計算とはじめて出合う場面で、「×整数」の計算場面と、いかにうまく結びつけさせるかが、指導のポイントになる。

2 「基準量×割合＝比較量」

立式の根拠として子どもが用いるものは、

①整数に置き換えて考える
②言葉の式にする
③数直線図を用いる

の3つ。

その中で、私が重視しているのは、「言葉の式」である。

ただ、言葉の式といっても、「1dLでぬれる面積×使う量＝ぬれる面積」といった正確に場面を表したものではない。正確な言葉を使おうとすればするほど、その汎用性は失われる。重さの問題になったときに、「1mの値段×長さ＝針金の値段」と言わなければならないのならば、子どもたちは「言葉の式」を便利な方法とは感じない。正確に言える子は、もう立式できている子であり、支援する必要はない。

私は、どの問題にも当てはまる「基準量×割合＝比較量」を使わせたいと考えている。ただ、この言葉はさすがに難しすぎる。そこで、算数が苦手だという子どもたちに、「『1つ20円のおまんじゅう、3つで60円。20×3＝60』。これだけ覚えておけば何とかなる」と教えている。

このおまんじゅうの場面と、はじめに挙げたペンキの問題を比べてみると、

1つ20円 ⬇ 1dLで$\frac{4}{5}$㎡ぬれる
3つで ⬇ $\frac{2}{3}$dLでは
60円 ⬇ 何㎡ぬれますか

となり、

20×3＝60 ⬇ $\frac{4}{5}\times\frac{2}{3}$＝□

が導き出せる。はっきりした場面をモデルとして、あいまいな問題場面を把握するのである。

数直線図を使う方法も、この言葉の式が土台である。立式できない子どもたちは、$\frac{4}{5}$㎡をどこに書いていいのかがわからない。だから、問題を読んで、基準量はどれで、割合がどれで、比較量がどれなのかを把握することが、まず、必要なことなのだ。それがわかって、はじめて数直線図を描くことができる。

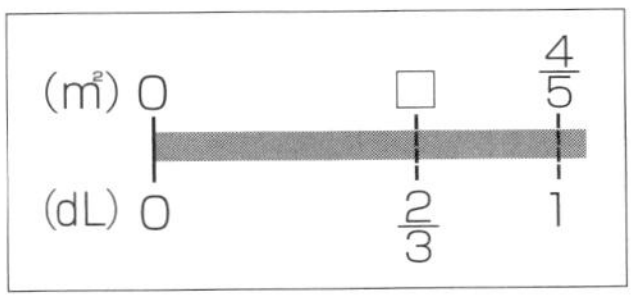

3 確実に使える道具を

小学校で扱う問題は、基本的に比例関係を基本とした問題だ。だから、「おまんじゅう」の場面で置き換えることができる。最もイメージしにくい、分数のかけ算、わり算は、最もイメージしやすい「おまんじゅう」で何とかなると考えている。

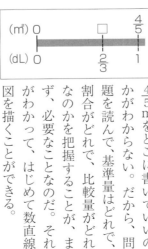

4 確実な「立式力」を育てるためのポイント

（1）「何算にすればいいか」を理解させるために

教科書を活用して育てる

鈴木健二●愛知教育大学教育実践研究科教授

教科書を活用して「立式力」を育てる

「立式力」は簡単には育ちません。

教科書を効果的に活用して、少しずつ育てていくしかありません。

教科書には、「立式力」を育てることを意図した学習内容があります。

右のようにいちごがならんでいます。
だいちさんは、
いちごの個数を
求める式を、右の
図を使って4×5
と考えました。

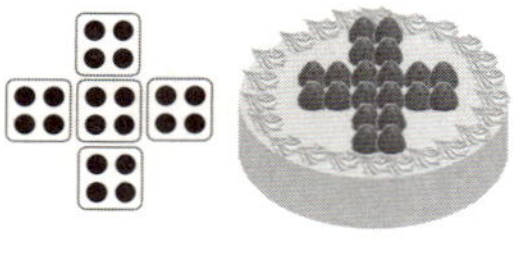

たとえば、ケーキの上に並べられたいちごの個数を、さまざまな考え方で求めるという学習内容です（平成27年度版『わくわく算数5』啓林館）。

このような学習内容を効果的に活用すれば、「立式力」をよりいっそう確実に育てることができるはずです。

「立式力」につながる問題意識を高める

この教科書では、「式のよみ方」という見出しがつけられています。「立式力」につながる重要な見出しです。この見出しを活用して、「式のよみ方」に対する問題意識を高めます。次のように展開します。

「式のよみ方」と板書して、「4×5」と書き、問いかけます。

「式をよむことができますか」

子どもたちは、「4×5」とそのままよむでしょう。そこで、次のように問いかけます。

「それでは式をよんだことになりません。これから学ぶ『式のよみ方』とは、どんな『よみ方』なのでしょうか」

このように展開すると、ただ「4×5」とよめばいいと考えていた子どもたちの思考が刺激されます。

子どもたちの問題意識を高めた後、問題に出合わせるのです。

「立式力」を育てる思考を促す

「何算にすればいいか」を理解させることにつながるのは、以下の図と式のどれとどれが結びつくかを考えさせる問題です（前掲）。

まずは、図だけ提示して問いかけます。

「図から式が見えてきましたか」

子どもたちは、図を見ながら、何算にすればうまく式にできるかを考え始めるでしょう。しばらく考えさせた後、3つの式を提示して問いかけます。

ひなた	5×4
かいと	6×6−4×4
さくら	4×2+6×2

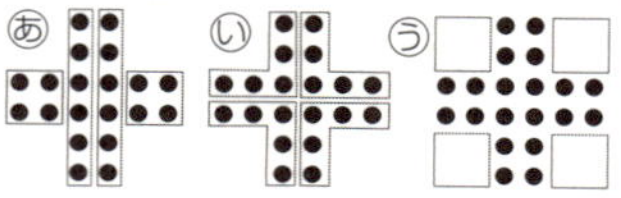

「簡単に説明できそうなのはどれですか」

「説明がいちばん難しそうなのはどれですか」

子どもたちは、図と式を見比べながら、かけ算やひき算、たし算になっている理由を考えることでしょう。その後、

「全員が説明できるようにしよう！」

と投げかけて、グループで話し合わせます。子どもたちは、3つの図の説明の仕方を考え、グループ全員が説明できるように話し合うことでしょう。

このような指導の積み重ねが、「何算にすればいいか」の理解を少しずつ深めていくのです。

四則演算は「何を求めるのか」で決定する

二ノ神 聡 ● 宮城県白石市立福岡小学校

「『あわせていくらですか』だから、たし算でしょ」。「『残りはいくらですか』だから、ひき算でしょ」

四則演算の決定に関して、問題文の言葉に注目して指導する場合が多く見られる。はたしてそれで、本当に子どもに四則演算決定の力が身につくのだろうか。

たとえばこのような問題がある。

部屋の中に子どもが3人、外に何人かいて、あわせて12人でした。外に何人いますか。

この文章では「あわせて」という言葉はあるものの立式は「12−3」であり、ひき算である。

かけ算ではどうだろう。かけ算に関しても「あわせて」や「残りは」のような四則演算決定のヒントとなる言葉が浮かぶだろうか。同様にわり算ではどうだろう。「分けると」、あるいは「わると」という言葉でわり算を導く指導者もいるが、問題文が複雑化してくると、必ずしもヒントとなる言葉があるわけではない。

私はたし算の指導の際、「あわせて」「全部で」という言葉ではなく、数をどうするかということの理解を手の動きを使って表現させた。つまり、「『2つの数をガッチャンすること』がたし算」と、手の動きで理解させるのである。そのうえで、たし算は何を求めるのか、すなわち全体量を求めるときに、たし算を使うということをつかませることが大事である。

ひき算もたし算と同様に、手の動きで表現したい。手で丸く作って、そこから取る(右手で取り去る動き)のである。つまり、「『全体から取ること』がひき算」と、手の動きで理解させるのである。その後で、残りを求めるときはひき算を使うということをつかませたい。

では、かけ算は何を求める演算か。導入において、それは全体を求める演算である。同数累加して、全体数を求める演算である。数を数えさせれば、絵でもアレイ図を使っても、総数を求めればよいのである。同じ数を何回もたすのは面倒だとなれば、次第にかけ算を使うようになる。要するに、全体を求める演算ということが大事である。

わり算で求めるものは「いくつ分ですか」(包含除)と、「いくつずつですか」(等分除)、「何倍ですか」の3つがあり、児童にとっては難易度がかけ算とは比べものにならないほど上がる(「何倍ですか」は5年『割合』につながり、誌面の関係で詳細は省く)。

包含除と等分除、どちらをさきに指導するかは別にして、どちらにしてもまず全体量があり、それをどう操作して、何を求めているのかを3年生の段階を踏まえて、手の動きと、ネーミングで理解させた。

等分除については全体を手刀で切る動きで分け、その1つ分を取る動きをさせる。その動きから「わけ算」とネーミングをつける。分けて1つ分を求めるからである。

包含除については全体量を、手をショベルの形にして取る(すくう)動きをさせる。そして、何回取れるかということから「とり算」とネーミングする。その2つをまとめて「わけ算」の「わ」、「とり算」の「り」の2つで「わり算」というように、「しゃれ」として指導した。

四則演算を文章から決定する力は、文章からただ単に「あわせて」「ちがいは」などのキーワードを探すのでは身につかない。四則演算が「何を求める演算か」を学年に応じて理解し、文章から何を求めるのかをとらえることで、はじめて決定力が身につくと考える。

4 確実な「立式力」を育てるためのポイント

(1)「何算にすればいいか」を理解させるために

問題場面をイメージする力

蓑手章吾●東京都小金井市立前原小学校

子どもたちのなかには、たとえば「分数のわり算」のテストで、文章題を読まずに、数字だけ拾ってわり算をする子がいます。なぜ、子どもは問題を「読まない」のでしょうか。面倒くさいから。もちろんそういう子もいるでしょう。

しかし、多くの子にとっては、「読まない」のではなく「読めない」のかもしれません。

算数の簡単な文章題であれば、読まなくても答えられます。この積み重ねが「問題文を読まない癖」となり、結果として子どもの「問題場面をイメージする力」を停滞させているのです。

> やす子さんは、500円持って買い物に行きました。文ぼう具屋さんで120円のノートを買い、電気屋さんで360円の電池を買います。残りは何円になるでしょうか。
> (平成27年度版『みんなと学ぶ小学校算数4年下』学校図書)

「なになに、500円と120円と360円で、残りは何円……?」「数字が3つもある!『残りは』ってあるから、ひけばいいのかなあ……」

文章題の苦手な子の頭の中は、きっとこんな感じなのだと思います。どのようにすれば「問題場面をイメージする力」をつけられるのか。それは、問題文を解釈する学習を、授業のなかで行うことです。

T「やす子さんは、どんな子だと思いますか?」

C「えーっ! そんなの問題と関係ないじゃん!」

T「関係なくありません! 問題にわざわざ出てきてるんだから。むだなものなんて、この世界には一つもありません」

子どもは笑いながらも、女の子だとか、自分と同じ4年生だとか答えます。違う意見になることもありますが、立式に差し支えなければ、いっこうにかまいません。

T「500円は、どんなお金ですか?」

C「そりゃあ500円玉でしょ!」

T「100円が5枚かもしれないよ?」

C「うーん、たしかに」

T「この500円は自分のおこづかい?」

C「いや、お母さんからもらったんだと思う!」

C「お母さんからもらったのなら、いつもと違う財布かな」

問題場面に、自分なりの解釈をつけ加えていきます。正解はありません。文章を自由にイメージする習慣を身につけさせます。

この問題では、ノートと電池の合計金額を出してから、ひく方法が示されます。しかし、これは実際場面では考えにくい状況です。

C「違うお店なのに、一度に買えないじゃん! 電池の値段もわからないはずだし」

C「あらかじめ値段をリサーチしてたんじゃない? やす子さん、抜け目ない!」

ていねいに読み込んでいくと、書かれていない多くのことに気づきます。

C「おつりが20円しか出ない! 500円を渡したお母さんの金銭感覚……!」

C「そもそも、ノートと電池を買いにいくことなんてある?」

大いに盛り上がります。

授業でああでもない、こうでもないと盛り上がったことは、テスト場面でも思い出されます。

1人で問題文を読んだときに、問題場面がイメージできるか。それが立式力を高めるいちばんの方法だと考えます。

※この実践は杉渕鐵良先生から学ばせていただきました。

立式力を育む「問いかけ発表」

三好真史 ● 大阪府堺市立鳳南小学校

> 4Lで32㎡の壁を塗ることができるペンキがあります。1L当たりで塗れる壁の広さを求めましょう。

文章題の解き方について説明するとき、多くの子どもが次のような発表をする。

「まず、線分図を描きます。次に、32÷4をします。だから答えは8㎡です」

シンプルでわかりやすい。

しかし、聞き手を無視した一方的な説明になりがちだ。

学力低位の子は、立式の仕方が理解できないまま、聞き終えてしまうこともある。

そこで、話し手と聞き手のやりとりによって成立する発表方法を考えることにした。

「問いかけ発表」の具体例

ここで提案するのは、「問いかけ発表」という発表方法である。たとえば私の学級では、子どもたちは次のように発表する。

（○が話し手　●が聞き手）

○「始めてもいいですか」

●「はい」

○「まず、この問題で求めたい答えは何ですか。Aさん」

●「ペンキ1Lで塗れる壁の広さです」

○「そうですね。それを考えるために、はじめに線分図を描きます。1Lを求めるには、4Lを4でわりますよね。では、1L当たりの壁の広さを求めるには、32をどうすればいいですか。Bさん」

●「4でわります」

○「32÷4をすると、答えは何になりますか。みんなで答えてください。さんはい」

●「8です」

○「このように、答えは8㎡になります」

問いかけ発表の指導について

話し手が発する問いの言葉を「問いかけ言葉」と呼ぶ。問いかけ言葉には、次のようなバリエーションがある。

- 始めてもいいですか。
- ～の答えは何ですか。
- ～がわかる人はいますか。
- 次に何をしますか。
- みんなで答えてください、さんはい。
- ここから交代してください。

これらの言葉は、教室側面に掲示しておく。可視化することで、子どもたちは意識して言葉を用いるようになる。

問いかけ言葉を定着させるためには、2～3日につき1語ずつ教えていくようにするとよい。「今日発表する人は、○○という問いかけ言葉を使ってみましょう」と、日替わりで言葉を指定する。

また、事前に「発表の途中でわからなくなったら、『ここからは交代してください』で、代わってもらうといいよ」と呼びかけておく。そうすれば、発表に苦手意識をもつ子どもも挑戦しやすくなる。

問いかけ発表を続けていると、聞き手がよく説明を聞くようになった。

また、学力低位の子どもも「そうか、だからわり算なのか」と誤りの理由に気づき、正しい立式ができるようになった。

問いかけ発表は、学級全体で力を高める手だてとなる。子どもの立式力を育てるためにも、発表のなかに問いかけ発表を取り入れることをお勧めしたい。

(2) 正しく単位をつけさせるために

数と単位から見えてくるものを子どもたちに

日下勝豊 ● 東京都町田市立小山ヶ丘小学校

「おしいね。計算は合っているのに」。ありがちな教室での風景です。

その背景には、子どもたちが計算しているとき、手順に目が向いており、数や式は形式上の記号としか見えていないことが挙げられます。そうなると計算ができ、ほっと一息、単位などどこへやらです。

では、どのようにすれば答えとして正しく、単位がつけられるようになるのでしょうか。

イメージをもたせる

それは、子どもたちが目にしている「数」を記号から意味あるもの、形あるもの、知っているものへとつなげてあげることではないでしょうか。つまり、子どもたちにイメージをもたせることだといえます。１年生の学習で「３」を教えるときに、「３」と「さん」と、たとえば、子どもが３人いるなどの絵や、図〈●●●〉を結びつけて理解させていきます。「３」が「さん」と、目にしてイメージした〈●●●〉へと広げるのです。

それと同様に、授業のなかで、「この数は何を表しているの？」「この問題は何を考える問題？」と子どもたちに、くり返したずねていくことが大切です。

それを板書し、ノートにかかせるようにすることで、数と絵や図と言葉が関連づいていきます。車の数とイメージできれば「台」となり、男の子の占める割合とイメージできれば、たとえば「％」となります。

量感から自分がつけた単位の正誤を判断させる

しかし、ここで困ったことも出てきます。長さの単位であることはわかるが、どの単位にしたらよいのか迷ってしまうことがあるということです。

「都算研」の調査問題で、「体育館の大きさを表すのに、適している単位はどれでしょう」という問題がありました。「㎡」を問うているのですが、子どもたちの正答が低かったのです。「㎟」は小さい単位で違うけど、「㎠」かな、「㎡」かな、「㎢」かなと迷ってしまったようです。経験値の低い子どもたちにとって「㎠」「㎡」「㎢」は単なる記号なのです。

そこで、物差しやメジャーなどを使って実際に測定したり、ボディースケールを活用して測定したりして、記号の「㎡」がイメージできる「㎡」へと変わっていける指導が必要です。経験値を上げるのです。

そして、自分がつけた単位がその量感からくるイメージに適しているのかを、判断させていくのです。

マイナスのプライミング効果を打ち消させる

問題を解いていくとき、子どもは最初に見た言葉、数、単位につられる傾向があります。たとえば、問題文に「あわせて」とあれば、たし算と思い込んでしまいます。思い込んでしまうという、マイナスのプライミング効果[*1]が働いてしまいます。

それを打ち消すには、先生の補助発問や声かけが大切になってきます。「今は何を求めているの？」「これをイメージしてごらん」「問題文をもう一度見てみよう」「今までやってきたことを思い出してごらん」と、ていねいに発問、声かけをし、経験値を積ませることで惑わされない判断力、センスを子どもたちに身につけさせるのです。

先人は、具体的な日常の現象を研究を通して抽象化、記号化してきました。子どもたちには、それを逆に目に見えるものとしていく授業が大切になってくるのです。

＊1 先行する刺激の処理が後の刺激の処理を促進、または抑制する効果。

単位誤答は、図で解決できる！

二宮大樹 ● 昭和学院小学校

文章題に取り組ませ、丸付けをしていると、「単位が間違っている……」とがっかりする場面がたびたびあります。書き忘れはうっかりかもしれません。

しかし、答えの欄に、書いてある単位が間違っている場合は、必ずしもそうではないと考えます。4年生のわり算学習の際に、こんなことがありました。「64人を4人のグループに分けます。何組できますか」という問題。「16人」という誤答が、思いのほか、多いことに驚いたことを覚えています。

このような解答をする子どもは、「組」「人」というワードが判別できないのか、ということではなく、計算だけを追っているために、演算の意味理解ができていないことがわかりました。

「問題をよく読みなさい。『何組できますか』と聞いているでしょ」という指導は、「答え方」を指導しているにすぎず、問題の本質的な理解につながっていません。この場面では、64の中に4がいくつ入っているのか（包含除の考え）を聞いているのであり、16「人」と答えた子どもたちは、「4つのグループに分けたら、1つのグループに何人でしょう」と捉えている（等分除の考え）のかもしれません。そうであれば、演算の過程がまったく異なることになります。

つまり、単なるうっかりではなく、単位の誤答は、「演算の意味理解ができていないためだ」という学力観を、私たちはもつべきです。

もし、「単位誤答が多かった」と気づいたなら、それは一度、今までの指導を振り返るチャンスかもしれません。私は、「誤答が多い」と気づいたら、2種の量を簡潔に表す図を描くように話します。

とくに、単位誤答の多いわり算や割合の学習では、どの教科書会社でも、2種量を別の図に分けて表しています。文章題の演算決定・理解のために、つねに図に表していく習慣をつけさせることは、単位誤答を防ぐ手だてにもなります。

前述のわり算の文章題は、右の図1のように表せます。

こうすることで、「求めている量は、何か」が、明確になります。今回は、わり算を例に挙げましたが、このような習慣を身につけさせる機会は、たくさんあります。4年生「小数のかけ算・わり算」、5年生「単位量あたりの大きさ」（図2）、「割合とグラフ」の学習では、課題を解決するための大きな武器になるはずです。

もし、学級で単位誤答が目立った場合、チャンスと捉えて、「こうすれば……」と子どもたちに、正しく問題場面が把握できる図を教え、習慣化させてはいかがでしょうか。

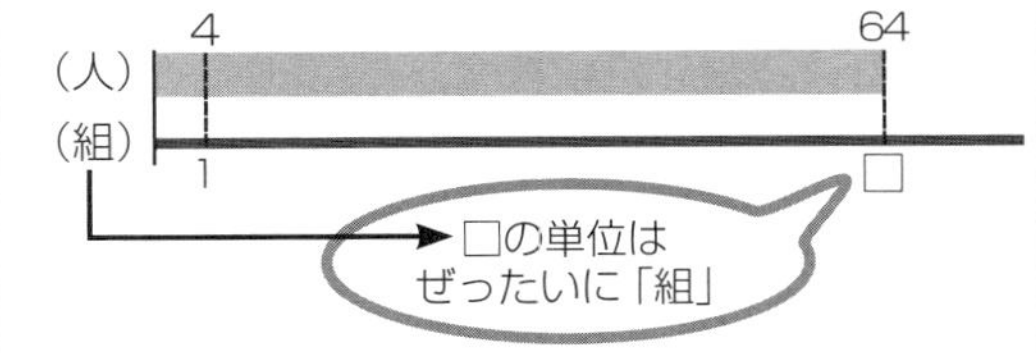

図1

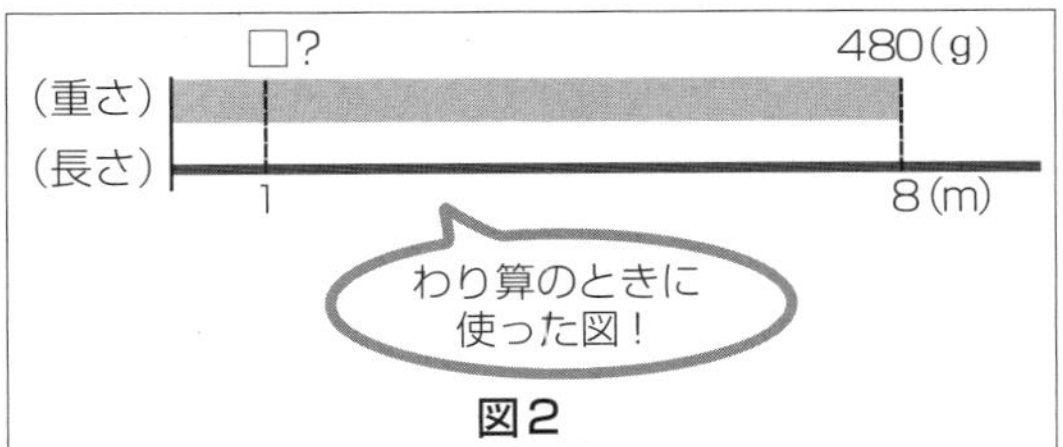

図2

単位ミスに対する指導「3つのステップ」

加藤百合絵●愛知県春日井市立東高森台小学校

子どもの答えから学ぶ

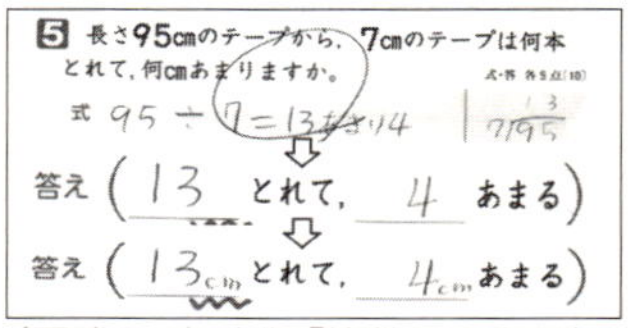

（平成27年度版『算数テスト4年1学期』日本標準より）

上記は、ある子どもの算数のテストである。式・計算はあっているのだが、答えに単位が書かれていなかった。直して持ってくるように伝えると、次は誤った単位を書いて持ってきたのである。

そこで、この単位ミスを使って、次の3つのステップで子どもたちに指導をした。

①単位ミスのパターンを知る
②単位ミスが起きる原因を考える
③単位ミスを防ぐための対策を学ぶ

①単位ミスのパターンを知る

はじめに、「問題文・式」と「単位が書かれていない答え」を見せる。ほとんどの子が、答えに単位がないことに気づく。

「うっかりミスは誰にでもあるよね。では、先生が直しておきます」と言いながら、「誤った単位をつけた答え」を書く。

すると、「先生、違う違う！」と間違いを指摘する子が出てくる。ここで、単位のミスには、「書き忘れ」と「単位そのものの間違い」ミスがあることを押さえる。

②単位ミスが起きる原因を考える

次に、「どうしてこのような単位ミスが起きてしまうのでしょう」と問い、単位ミスが起きる原因を考えさせる。ペアで話し合わせた後、子どもたちから意見を聞く。

子どもたちからは、次のように返ってくる。

「cmがたくさん使われていて、答えにもcmをつければいいと思ってしまったから」

「問題文にある『何本』をしっかり読んでいないから」

「わかっていたけど、焦ってしまったから」

このとき、教師は次の2点に分類しながら、板書する。

A 「うっかりミス」と判断した意見
B 「問題場面がイメージできていない」ことを原因として考えている意見

③単位ミスを防ぐための対策を学ぶ

次に、単位ミスを防ぐ対策を考えさせる。

Aが原因のミスを防ぐための対策として、「問題文を読むとき、問題文に書いてある単位に線を引いたり、丸をつけたりする」「式を書く前に、さきに答えのところに単位を書いておく」など、自分が今まで学んできた方法や自分なりに考えた意見が出てくる。

Bが原因のミスを防ぐための対策として、「さし絵を見る」「自分で絵や図をかく」という意見が出てくる（出てこなければ教師から提示する）。そこで、Bを防ぐためには、文章を読んで問題場面をイメージする「イメージ力」が大切であり、「イメージ力」は普段の授業から鍛える必要があることを伝える。

この後、学んだ対策を使って、実際に文章題を解かせる。

そして、学んだ方法をくり返し取り組ませることで、正しく単位をつける力に変えていくのである。

「答えの単位」を意識させる指導

尾上康真 ● 兵庫県尼崎市立浜田小学校

1 「単位をつけること」の意識づけ

授業のなかで、答えを板書するときに、わざと単位を書かなかったり、間違えて板書したりします。そして、気づいた子どもに説明させ、大いにほめます。これを何度も繰り返すことで、単位をつける必要性を子どもたちに意識させます。

> 6・3mの重さが7・56kgの鉄のぼうがあります。この鉄のぼう1mの重さは何kgになりますか。
> (平成27年度版『新しい算数5上』東京書籍)

このような単位量当たりの問題では、答えを、「1・2m」と間違えて板書することで、長さと重さのどちらを「1」と見なしているのかについて、再確認することができます。

また、体積の学習のときに、単位を「m^2」と間違えて板書して指摘させ、「m^3」に訂正させることで、よくある単位の間違いを防ぐこともできます。

2 「文章題を最後まで読むこと」の意識づけ

テストのとき、文章題を最後まで読まずに、立式や単位を間違えてしまう子どもが多くいます。そこで、文章題を掲示するときに、求めなければならないことが書かれている1文を隠して、提示します。たとえば、

> 6・3mの重さが7・56kgの鉄のぼうがあります。

と提示し、たずねられていることは何か、を予想させます。そして、1m当たりの重さを求める場合と、1kg当たりの長さを求める場合の2つのパターンがあることに気づかせます。次に、

> この鉄のぼう1mの重さは何kgになりますか。

の部分を一瞬だけ子どもに見せます。ここで、「もう一度見たい?」と聞きます。子どもたちはきっと「見たい」と言うでしょう。そこで、「これ(問題を最後まで読まないということ)は、みんなが文章題を解くときにしていることだよ」と伝えます。

このような経験をさせることで、文章題の最後の1文の大切さと、文章題を最後までしっかり読むことの重要さに気づかせます。

3 「見直しをすること」の意識づけ

「見直しさえしておけば、単位のつけ忘れに気づけたのに」と感じることはよくあります。私は算数のテストに関しては、子どもたちに、時間があれば2回解きなさいと伝えています。

ただし、この見直しの仕方では中学校の問題数の多いテストには、対応できません。そこで、子どもたちに、時間がないとき、何から見直すかの優先順位について考えさせます。

すると、①答え(単位)について、②書き間違い(誤字・脱字)はないか、③記号の問題、④立式はあっているか、⑤もう一度計算する……といった意見が出されます。

ここで、まず第一に、答え(単位)を見直すということを意識づけします。

数直線以外の図表でも視覚化を図る

神藤 晃● 群馬県太田市立生品小学校

1 「もとにする量」はどちらか

5年の「小数のわり算」で、上の問題を例として挙げる。

すぐに立式できない子は、「もとにする量」と「比べられる量」とが区別できていない。

ここは「図に表す」というステップが必要だ。これは、学習技能として定着させたい。

9mの重さが1.8kgの針金があります。
この針金1mの重さは何kgになりますか。

2 数直線に表す

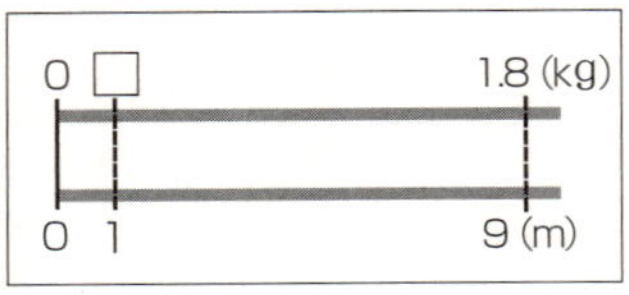

まず、同じ長さの直線を上下に2本引く。

次に、左から小さい数字を書き込んでいく。下の直線には長さ(m)を、上の直線には重さ(kg)を表す数字だ。答えが1・8kgより小さいという見通しも立つ。

3 立式させる

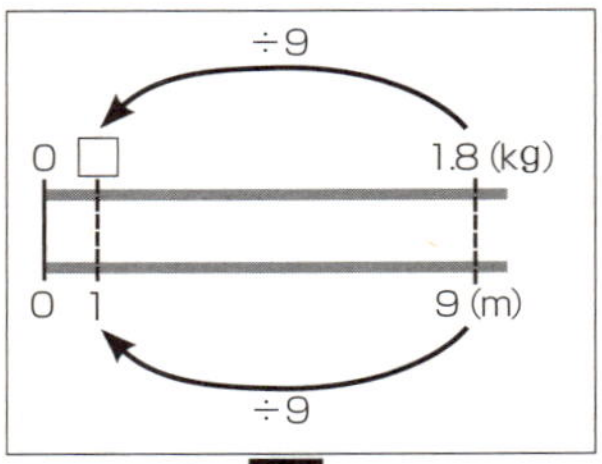

式　1.8÷9=0.2
答え　0.2kg

右の図のように矢印を書き、「9を1にするには9でわればよい。同様に、1・8を9でわれば□が求められる」という考えにより、立式できる。

または、かけ算の原理から、「□×9＝1・8（1単位当たりの量×いくつ分＝全体の量）」とも立式できる。

ここまでが教科書の定番だ。

しかし、数直線は描けても、立式できない子もいる。どうするか。

4 「たすきがけ法」で立式する

文字通り、「たすきがけ」で立式する方法だ。同じ針金なので、「重さ」×「長さ」の積は等しくなる。下の段に示した式から、1mの重さを求めることができる。

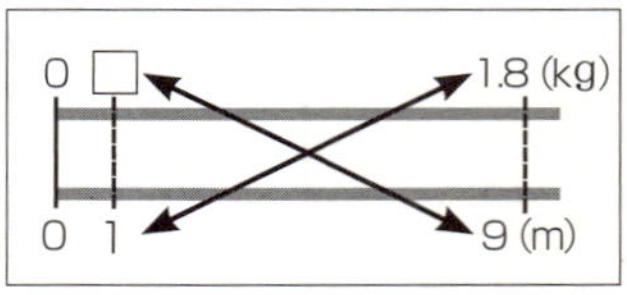

□×9＝1.8×1
□＝1.8÷9
＝0.2

5 「田の字法」で立式する

数直線を引かない方法もある。

まず、「田」の字を書く。

次に、左下に「1m」と書き入れる。これが「もとにする量」となる。

そのあと、「1mの重さはわからないので□kg」、「9mで1・8kg」なので「9m」「1・8kg」と書く。

□kg	1.8kg
1m	9m

後は、「たすきがけ」と同じ手順だ。

ほかにも「面積図」という手法がある。これにはいくつかのバージョンがあるが、紙幅が尽きた。

イメージ力を高める「図示」のポイント

増谷　剛●栃木県宇都宮市立上河内中央小学校

先日、友人から、スマートフォンを紛失してしまった話を聞かされた。無事に見つかったというオチは、まもなく察しがついた。私の関心の的は「どのように見つかったのか」になった。一つ、また一つと語られる事実をもとに、頭のなかでその状況を描いていった。

そのたびに、予想した展開や結末を比べながら、「そう、来たか」「なるほど」と、さきの話に耳を傾けていった。

これは、文章題を解く過程に似ている。

①「状況設定」をイメージする。
②問われていることが何かを考える。

文章題を苦手としている子どもたちは、十中八九、「状況設定」をイメージする力に乏しい。ゆえに、問われたことに答えることができない。また、問われるであろうことも予想できない。

文章題を攻略する鍵は……**文章から、いかに「状況設定」を「イメージ」できるか**にある。本稿では、「図示」によって「状況設定」をイメージする力を高めるポイントを紹介する。

図示の練習を続ける

苦手な文章題だからこそ、上達するまで続けて練習していくべきだ。短時間でもいいから、なるべく毎日取り組めるようにする。ただ、やみくもに解くことは避けたい。「状況設定」をイメージさせたうえで問題を解かない限り、力量形成は望めない。

書かれていることを順番に図示する

一文から、もしくは一つの言葉から図示させていく。文章を最後まで読まずに、わかっているところから描かせる。できない子は、「ここで？」というところでつまずいている。さきに読み進めてもしょうがない。最初は時間がかかっても、「状況設定」を一つひとつていねいに読ませる。

図示をもとに、さきの展開を予想する

文章題は、「状況設定」と「問いの文」で構成されている。そこで、「状況設定」から問いの文を推測させる。

「この後、どんな問題が考えられるでしょうか」。ここではじめて、自分の描いた図示がどう動き出すのかを予想しはじめる。

いきなり、すべてを描かせようとするからわからなくなる。「状況設定」と「問いの文」を分けて描かせる（考えさせる）。

答えを求めた後にも、図示する

「図やたしかめ算、キーワード、説明文などですき間（テスト用紙の空き部分）をなくしましょう」と、テストを解き終わった後にも図示させる。思いのほか、子どもたちは熱中して取り組む。すき間を埋めていくのがたまらないようだ。

- さらなる追究が始まる（上位層から火がつく）。
- 解答後なので、ゆとりをもって取り組める。
- 描き込みながら、間違いに気づける。

など、よいことづくめだ。テストを評価で終わらせるなんてもったいない。伸ばす場にすべきだ。

絵・図が描けたら1点！

広山隆行 ● 島根県松江市立大庭小学校

1 絵を描こう

テストの最中、文章題が真っ白な子どもがいると、そばに行って、次のようにつぶやく。

> 問題文の絵を描いてみよう。

文章題から立式できないのは、問題が物語として、映像としてイメージできないからである。だから、問題が解けない子どもには、とにかく絵を描かせる。「絵」と言っても、図工ではない。問題をイメージさせるための絵を描かせるのである。

算数の図には、テープ図・線分図・数直線図・面積図などがある。いずれも抽象度が高い。いきなり、これらの図を正しく示す前に、子どもなりの絵で、文章題を絵に表す経験をたくさんさせておく。

たとえば、3年「わり算」のテストの文章題で困っている子どもに、「絵を描いてごらん」と描かせたのが【図1】である。

【問題】15このいちごを、3人で同じ数ずつ分けます。1人分はいくつになるでしょう。

【図1】

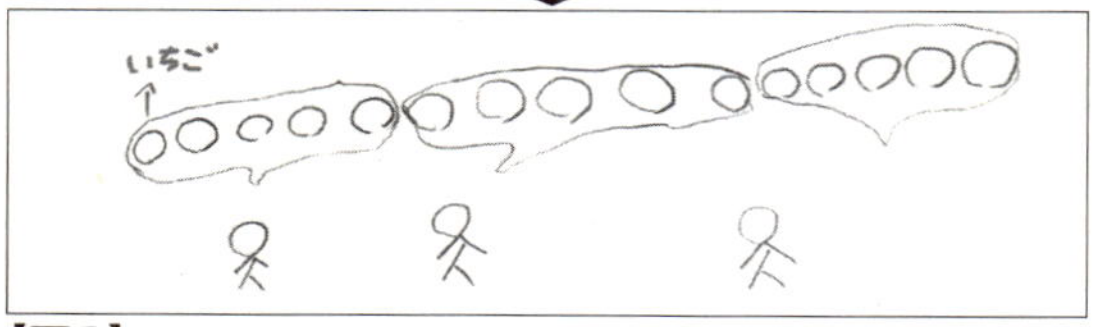

【図2】

【図1】では、いちごの絵を1つずつ全部描いた。そして3人の人間を描き、同じ数になるように考えていた。

数日後、学力の向上を図るため、再度同じ問題でテストを行った。すると、この子どもは【図2】のような図を自ら描いた。いちごが○に抽象化しているのがわかる。○印は「いちご」であると言葉を足している。また、吹き出しのように同じ数で囲うことができている。

このように、問題文を絵に表す経験を何度もしていくと、いちごが○になり、○の列がテープ図に、線分図になる。

「絵をていねいに描くのが大変だ」と経験すれば、必然的に簡略化された抽象的な算数の図に変化する。

2 絵・図が描けたら1点！

テストの文章題は、式が5点、答えが5点の合計10点で評価されることが多い。この文章題については、あらかじめ、次のように話しておく。

> 絵や図が描いてあれば1点あげます。

たとえば、先の例なら、式は「15÷3」である。文章題からすぐに、式を立てることが難しい子どもにとって、絵や図のさらに先に立式がある。その道筋があっていることを認め、安心させるために（たとえ、式が違っていても）途中経過の絵や図があっていれば、1点あげよう。絵や図をちゅうちょなく描こうとすることが、その後の立式の力につながっていく。

2ステップで自信をつける

山下愛加● 神奈川県大和市立大和小学校

6年の「分数のわり算」で、テストの採点をしているときだった。もともと算数が得意な子どもは文章題を正答していたが、それ以外で正答できている子どもには、2つの共通点があった。1点目は、算数の学習に苦手意識があること、2点目は、解答するときに、数直線を描いていることであった。

子どもたちのほとんどが、それまでに数直線の描き方をしっかりと身につけておらず、描くことが面倒になってしまっていた。

文章題を数直線で表すことこそ、図示化の基本と考え、進学塾講師である橋本和彦氏の『算数は「図」で考えればグングン伸びる!』(大和出版)を参考に、次の2つのことを意識させる実践を行った。

① 分ける　② そろえる

分ける

いくつかの数字が出てくると、子どもたちはとりあえず、文章に出てくる順番に立式する。それでは、それぞれの数字が何を表しているのかが不明確なままである。それぞれの数字の関係性を明確にするために、「分ける」作業を行い、文章題のなかの数字を整理させた。

【問題】 ひろみさんは、900円の本を買いました。この本の値段は、雑誌の値段の$\frac{5}{3}$倍です。雑誌の値段は何円ですか。

(平成27年度版『新しい算数6』東京書籍)

6年の「分数のわり算」に上記のような問題がある。問題を読んだあと、「単位の種類はいくつ?」などと話しながら、資料①のような表を作っていく。次に、わかりやすい数字から表に埋めていった。

上記のような「何を1とみるか」がはっきりとしない問題であっても、「求めようとしている数字は、言葉の式でいうと何か」「もとにする大きさはどれかな」などと教科書のさし絵を使いながら、数字を埋めていくことで、ひと目で数字の関係がわかる表を作りあげた。

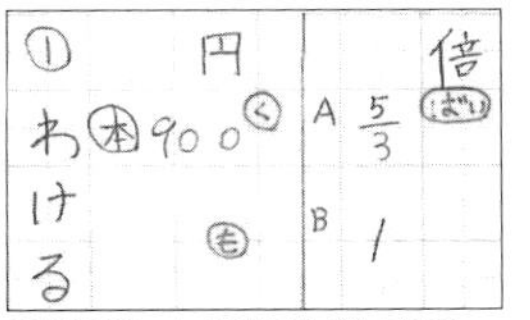

資料① 文章題と数字の関係がわかる表。

そろえる

「そろえる」とは、数直線の先頭をそろえること、それぞれの対応する数字を数直線上でそろえることである。

自力で数直線を描かせても、一度表にまとめているので、迷うことなく描ける。

鉛筆が思うように進まない子どもには、「まずは、1から書こう」「□とするのはどこかな?」と助言をしながら、一緒に描き進めていった。

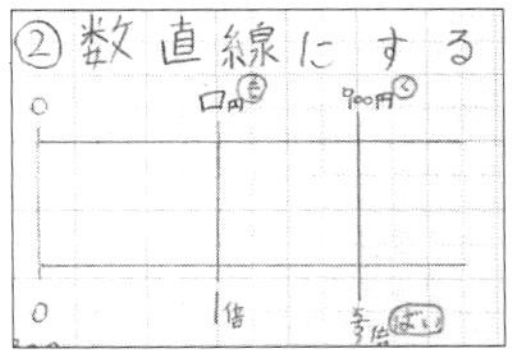

資料② 資料①の表を数直線に。

繰り返し何度も行う

当然のことだが、一度ポイントを教えただけでは、子どもは一人の力で図示化することはできるようにならない。単元を通して繰り返し行うことで、少しずつコツをつかんでくる。

実際に私の学級でも、「分数のわり算」の最初の授業で、数直線の描き方とそのポイントを伝え、毎時間文章題を解き、数直線を描かせることで、定着をさせていった。その繰り返しが、子どもたちの「数直線を描けば、自分も問題を解ける」という自信につながり、テストでの子どもの姿につながったのだと考えている。

現代にも息づく和算の魅力

土作　彰●奈良県広陵町立広陵西小学校

1　あの宴会クイズの原型は？

宴会ネタとしても有名なクイズに、次のようなものがある。

【クイズ】あなたの年齢を当てます。年齢を7、5、3で割ったあまりを言ってください。7で割ったあまりに、15をかけます。次に5で割ったあまりには、21をかけます。最後に、3で割ったあまりに、70をかけて、すべてたします。その答えから、105を引けるだけ引いていけば、最後にあなたの年齢がわかります。

たとえば私の場合、52歳なので、

52÷7＝7あまり3

3×15＝45

52÷5＝10あまり2

2×21＝42

52÷3＝17あまり1

1×70＝70

45＋42＋70＝157

157−105＝52

と、見事に年齢を言い当てることができる。

実は、このクイズの原型は、「百五減算」と呼ばれる計算術にある。この百五減算こそは、わが日本に源を発する「和算」の一つなのである。

2　和算

和算とは、江戸時代に一大ブームを巻き起こした日本独自の算術法である。

和算と言えば、関孝和が日本の第一人者として有名であるが、そのほかにも、関にとって先人にあたる村松茂清や、弟子にあたる建部賢弘らも有名な和算家である。

明治の開国以降、日本に入ってきた西洋の算術は、和算に対して「洋算」と呼ばれる。

今の日本教育の現場では、洋算が主流であるが、鎖国の日本国内で進化してきた和算は、決して洋算に劣っていたわけではなかった。

たとえば次のような事実がある。

①洋算よりも早く、ある公式を発見

現在の高校でも学習しない大学レベルの数学で、数列の和を求める「ベルヌーイの公式」というものがある。これは、スイスの数学者ベルヌーイによって、1713年に提唱されたものとされている。

しかし、ベルヌーイも、洋算の存在もまったく知らない鎖国下の日本において、関孝和は、これと同じ公式を1年前の1712年に発表していた。

②庶民が8次方程式を解いていた

江戸時代、算術家は難しい問題が解けると、神社にその解を書いた絵馬を奉納する風習があったという。これを「算額」という。

今でも日本のあちこちに残る算額の中には、8次方程式の解が書かれているものがあるそうだ。

たとえば次のような方程式である。

$x^8 = 386637279427098990084096$

なんと24桁の方程式である。これを庶民が、算盤《そろばん》や算木と呼ばれる道具を使って、求めていたという。ちなみに、この方程式の解は「888」である。何という「ユーモア？」だろうか。

和算にはほかにも興味深い話がある。たとえば円周率だ。いまや1兆桁までコンピューターで求められる時代になったが、当時の日本では、先述した村松が小数点以下7桁まで求めていた。関はその後、多大な苦労によって3桁増やし、10桁とした。円周率を求めるのに、当時の算術家がどれだけ苦労をしていたかが、うかがい知れるだろう。

その後、関の弟子である建部賢弘は41桁まで求めることに成功した。また、和算の世界には0《ゼロ》と無限の概念がなかったために、微分積分の発明には至らなかったという。

さて、明治以降の日本では洋算が主流を占めたが、それは和算が完全に廃れて、洋算に移行したということではない。むしろ、鎬《しのぎ》を削ってきた和算家が、洋算を勉強して、明治の日本に取り入れていったのである。西洋からの知識を導入し、その後わずか数十年で、日本の国力は世界の列強と双肩するにまで発展した。それは、和算の歴史があったからこそとも言える。

また、現在でも和算のよさは引き継がれている。たとえば「鶴亀算」は、和算に出てくる問題の一つである。今では、中学2年以降なら、連立方程式を使って簡単に求められるが、現在、進学塾などで小学生にこの種の文章題を解かせるときに使われる面積図は、一説によれば、先述の建部の発明であるとされている。

こうして見ると、今も脈々と和算の教えが、私たちの身の回りに息づいていることがわかる。まさに、「和算は算数のロマン」なのだ。

【問題】

つるとかめがあわせて8ぴき、足は26本あります。
つるとかめは、それぞれ何びきずついますか。

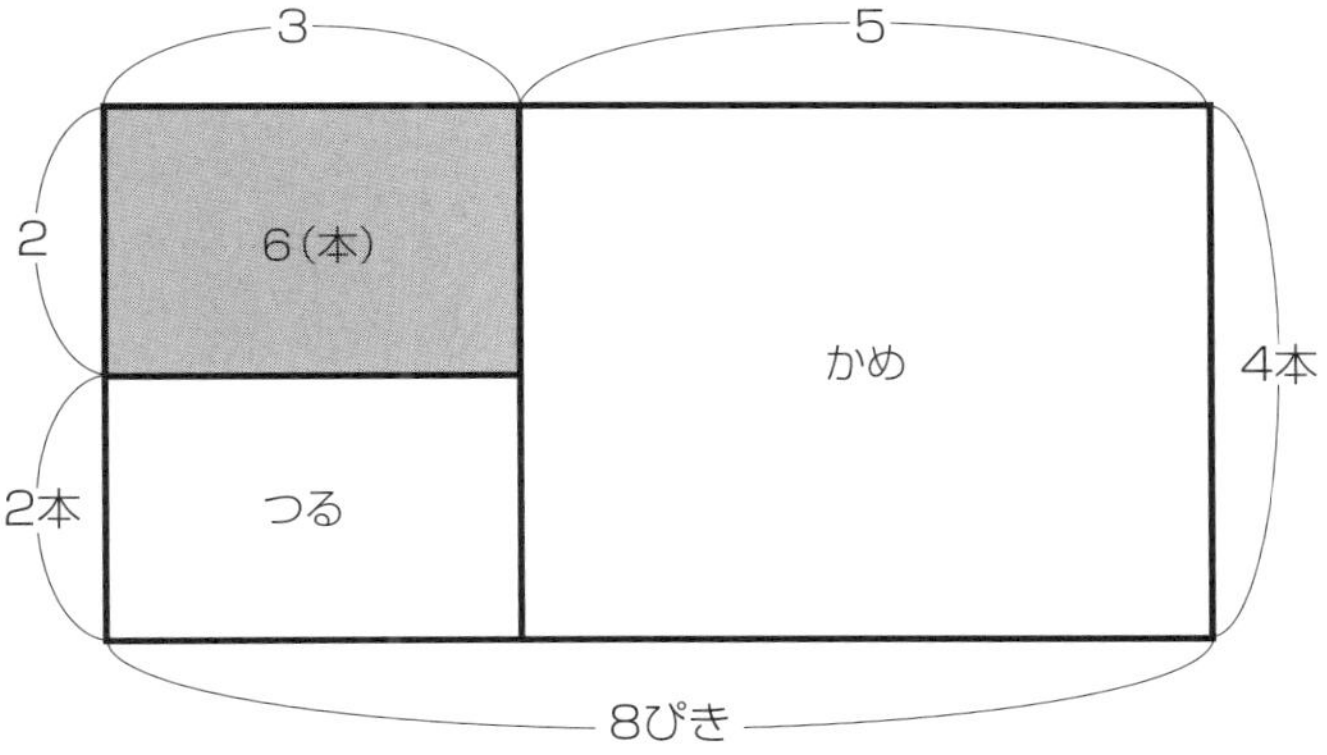

全部がかめだとすると、足は　4×8＝32。
よって不足分の面積［灰色の部分］は
32−26＝6（本）
よって、つるの横の長さは3（びき）、かめの横の長さは5（ひき）。

【参考文献】
●桜井進『夢中になる江戸の数学』集英社文庫
●中川真・風狸けん『和算に恋した少女』1巻・2巻、小学館

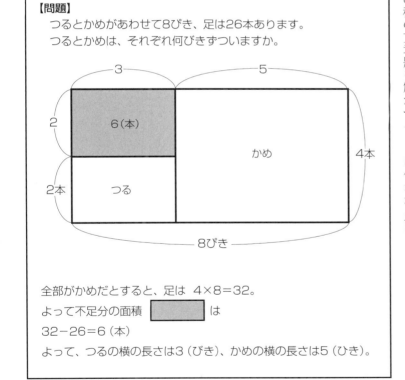

全国学力・学習状況調査を通して見えてくる論理的思考力の欠如

増田修治 ● 白梅学園大学子ども学部子ども学科教授

今号のテーマが、「算数文章題を解く『立式力』を育てる」ということであるので、主に算数にしぼって、調査結果を分析してみたいと思います。

1 平成28年度の「全国学力・学習状況調査」の結果

残念ながら、原稿執筆時点では今年度の「全国学力・学習状況調査」の結果が出ていません。そのため、平成28年度の調査をもとに考えていきたいと思います。

国立教育政策研究所の調査結果によると、小学校算数Aの正答率は77・8%、算数Bの正答率は47・4%となっています。例年通り、算数Aの基礎編は高いが、応用編が低い結果となっています。

出題数は算数Aが16問、B13問となっていますが、そのなかで、とくに理解度が低かったものについて、少し考えてみたいと思います。

最初に挙げるのは、算数Bの設問4の(3)のグラフの問題です。

このグラフについての問題文は、次のようなものでした。

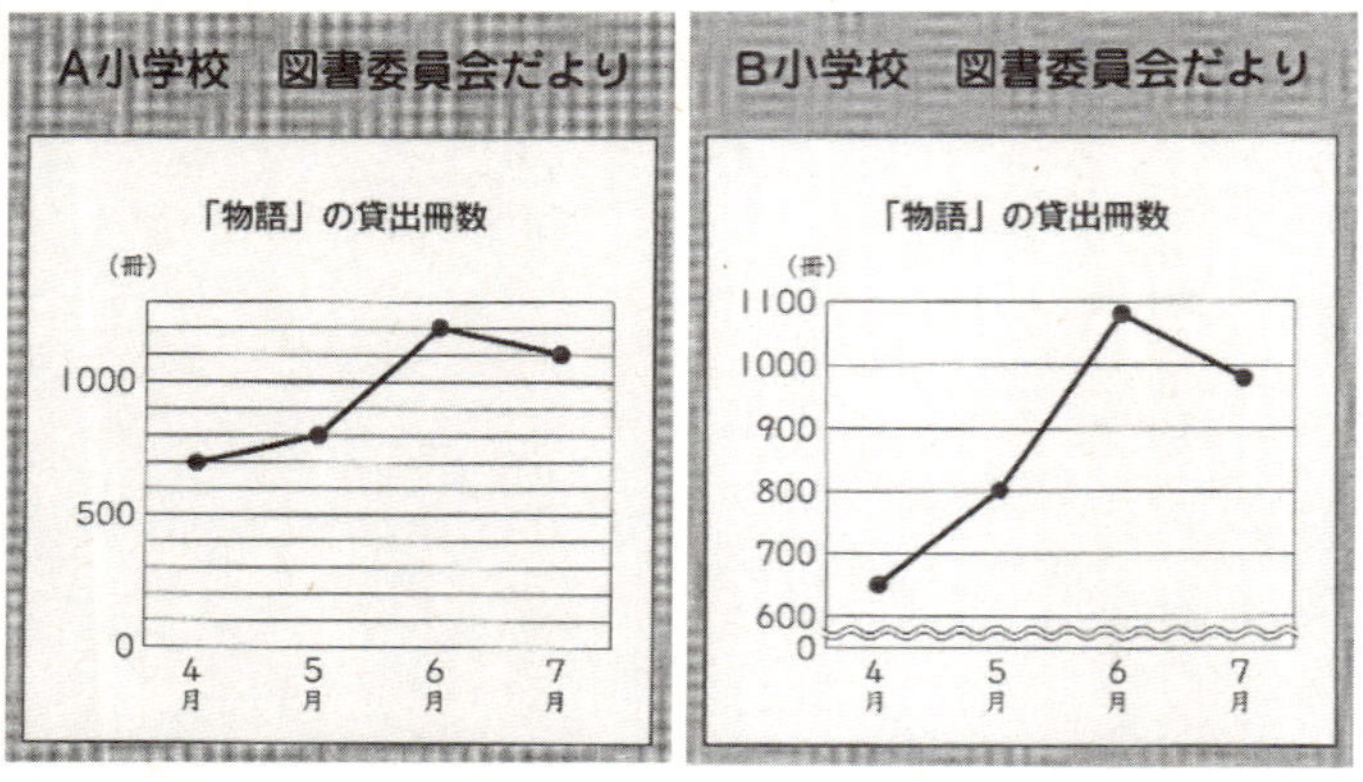

（平成28年度全国学力・学習状況調査「算数B」より）

けんた

A小学校に比べてB小学校のほうが、5月から6月までの線のかたむきが急です。

だから、A小学校に比べてB小学校のほうが、5月から6月までの「物語」の貸出冊数の増え方は大きいです。

けんたさんが言っている、‖部のことは正しくありません。

そのわけを、グラフから読み取れる貸出冊数に着目して、言葉や数を使って書きましょう。

（前掲）

この正答率は25%で、児童の7割以上ができませんでした。

もっとすごいのは、二等辺三角形を並べていくと、3つで、正三角形ができたことについて考えるという次ページの図形の問題です。「どうして3つでぴったりつくることができるのでしょう」『360÷120=3で、商が3になり、わり切れるからです』「そうですね。では、360÷120は、どのようなことを計算している式ですか。説明してみましょう」という問題の正答率が、なんと驚くことに、7%なのです。ほとんど、壊滅状態と言ってもいいのです。どうして、そうなってしまうのでしょうか。

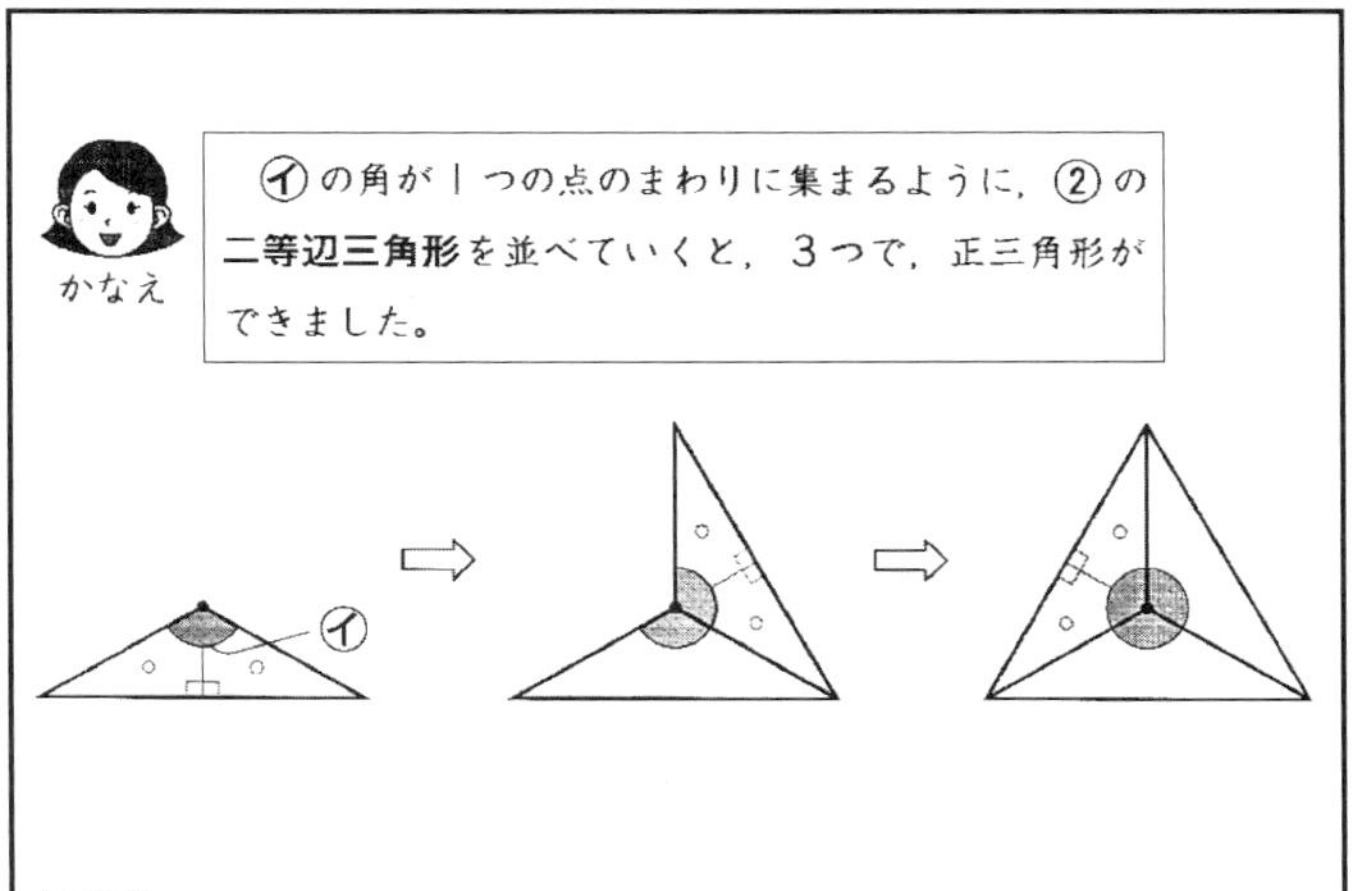

（前掲）

2 具体の世界から抜け出ていない子が多い

こうした問題が解けないのは、抽象性が育っていないからです。知能テストに論理的思考力を測る「ボール捜し」と言われる問題があります。左下の囲みの問題です。そこを見ると、小1・小3では1周型やなぐり書きだったものが、9歳の小4になると、順を追って考えるスラローム型、小6になると大半が渦巻き型を描くようになります。小4で、子どもの思考力に変化が生じはじめていることがわかります。

よく「10歳の壁」と言われますが、9歳から10歳の小4はそれまでの具体的なものに触れ、体感しながら考える段階から、想像し仮説を立てながら、論理的に考える抽象的思考への過渡期なのです。ですから、この時期の子どもの学びには、具体と抽象の間を何度も何度も往き来させながら、回路をつなげていくことが必要になります。当然、学びに時間がかかりますが、いきなり具体の世界から、抽象の世界にポンと飛ぶことはできないのです。

下図はこのボール捜しの問題を、ある小6のクラスで試したものです。すると、スラローム型、これは小4ですね。さらには1周型や殴り書き型、つまり、小1、小3の思考のままの子どもが存在していました。

スラローム型の子は、高学年の授業をなんとか理解できるかもしれませんが、小1、小3の思考の子どもたちには、どう考えても理解できません。

こうした子どもの実態を考えたとき、二等辺三角形の問題は、解きようがないのです。

だからこそ、小4の学習を小学校教育の中心課題に位置づけ、計算力や漢字などの基礎的学力はしっかりと身につけさせると同時に、いかにして具体的思考力を抽象的思考力へと高めていくかを、全校で考えていかなくてはいけないのです。これを考えることが、カリキュラム・マネジメントです。

学習全体と、マネジメントの視点から見ていく。これからの学校教育に必要なことだと思っています。

知能テストで「ボール捜し」といわれる問題。まるの中を一面に草が生えている広い運動場に見立て、落ちているボールを捜すにはどのような道筋で歩けば必ず見つかるかを描いてもらう。計画性を見るもので、通常、9歳頃に可能となり、優秀答案は11歳頃といわれている。

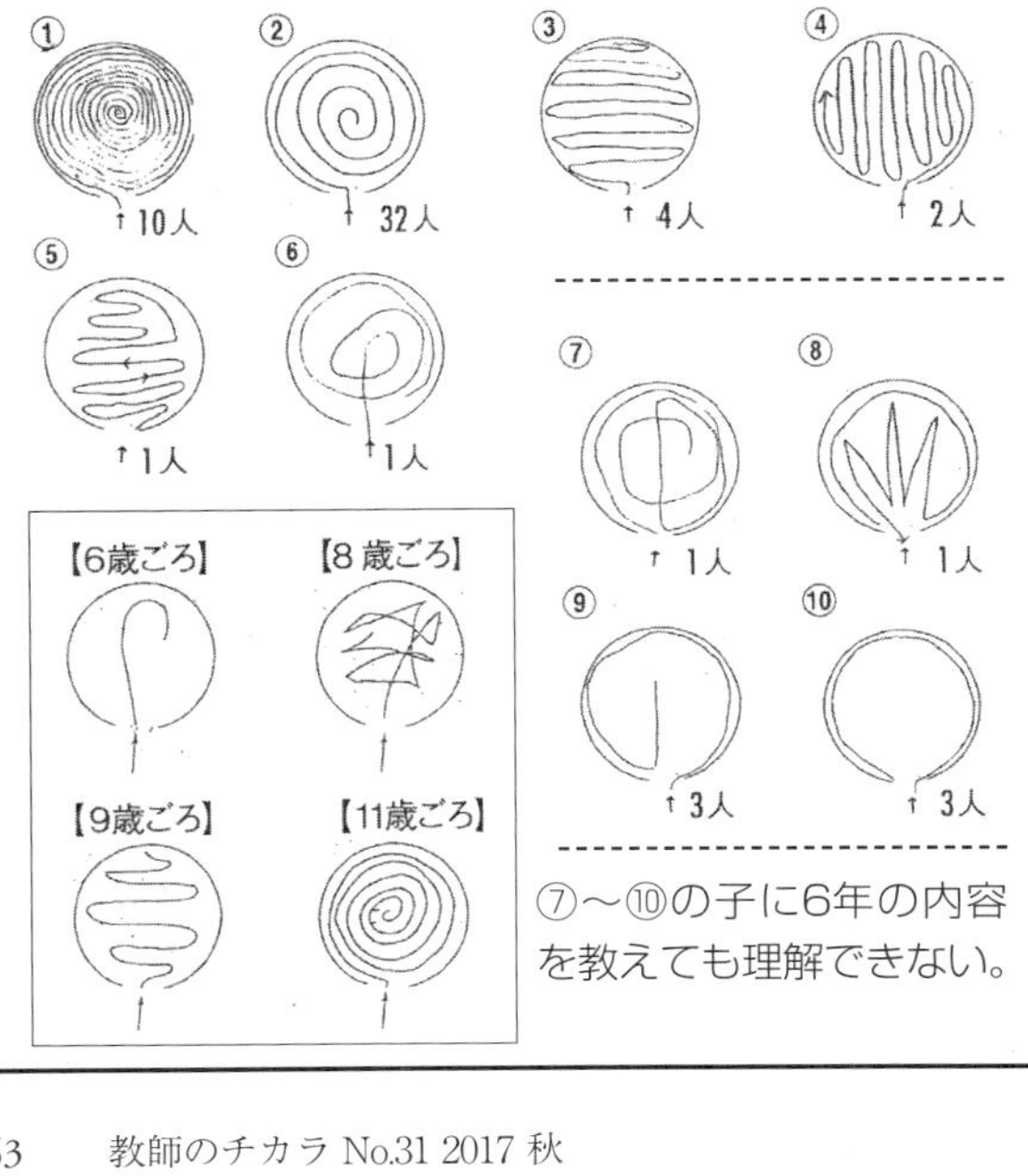

⑦～⑩の子に6年の内容を教えても理解できない。

特別の教科 **道徳への提言**

主張ある道徳授業を創る! その②

義務教育で「日本人の道徳」を

羽鳥 悟 ● 群馬県渋川市立伊香保中学校

1 何のために「考え・議論させる」か

「特別の教科 道徳」(以下「道徳科」)では、「考え・議論する道徳」へと転換を図るという。それは「読み物の登場人物の心情理解のみに偏った形式的な指導」などへの反省から生まれたキーワードのようだ。学習指導要領の目標でも「道徳的心情・判断力……」から、「道徳的判断力・心情……」と順序が入れ替わった。生徒が「どうすべきか」判断に迷い、「考え・議論する」といった授業が想定されているようだ。

教育現場に「考え・議論する」形式だけ整えた授業がはびこるのではないか、と危惧する。「考え・議論する」というのは手段である。手段のみを取り上げて授業の是非を論ずることはできない。

2 義務教育で「日本人の道徳」を

教育の目的は「心身ともに健康な国民の育成」(教育基本法)である。「国民」はもちろん、日本国民である。必要とされるのは「日本人としての自覚」であるとともに、重要な課題として「グローバル化が進展する中で、様々な文化や価値観を背景とする人々と相互に尊重し合いながら生きること」が挙げられている。

そのような教育の目的を達成するためには、まず日本人が自分の依拠する道徳を知る学習が必要である。次に他国の道徳との違いに気づかせるような学習が必要になる。理由は3つである。

①ある国民の道徳はその国の伝統・文化と密接なつながりをもつから。
②日本人特有の道徳があり、他国には日本人と異なる道徳があるから。
③右の事実は、これまでの道徳では積極的に教えられてこなかったから。

日本人は、自分の依拠する道徳(以下「日本人の道徳」という)が、自国に特有の道徳であることに無自覚である。教室には外国籍の生徒もいる。「日本人の道徳」は万国共通ではない。

道徳の教科化を機会に、日本人特有の「日本人の道徳」を義務教育段階で学習させるべきだ、というのが筆者の主張である。「道徳科」の授業において、「日本人の道徳」を浮き彫りにするとともに、さまざまな文化や価値観を尊重する態度も学習させていくべきである。

3 日本語に埋め込まれた「日本人の道徳」

日常的に使っている日本語に「日本人の道徳」が埋め込まれている。意識していないから「埋め込まれている」という表現を使う。たとえば

- いただきます[生命の尊さ]
- こんにちは・さようなら[礼儀]
- もったいない[節度、節制]
- おかげさま[思いやり、感謝]

といった日常的に使う日本語は、[ ]内の学習指導要領の内容項目に対応する。それぞれの意味とその指し示す行動は、まさに「日本人の道徳」である。それぞれの語源や意味を示し、日常の自分の行動と照らし合わせるだけで、自己を見つめる学習が成立する。学習後には、日常生活において「行動化」の場を設定することもできる。

これらの日本語は他国の言語に翻訳することは難しい。これらの日本語が指し示す

のは、「日本人の道徳」に基づく行為だからである。それらの日本語が死語になり、消滅するとすれば、それらの言葉が指し示す行為も消滅する。

「道徳科」を通じて、国語とは別の観点から、日本語を受け継ぐことの大切さに気づかせたい。

4　外国人から指摘される「日本人の道徳」

「日本人の道徳」を、日本人自身は自覚しにくい。日常的で当たり前のことだからである。しかし、外国人からは特異に映ることもある。外国人からの指摘に学ぶことで、「日本人の道徳」が浮き彫りになる。

たとえば、次のような記述である。

- 「日本人は嘘をついたり、物を盗んだり強奪することに、嫌悪感をもっている。」（F・A・リュードルフ 1855年来日。ドイツ商人）『グレタ号日本通商記』（雄松堂出版）
- 「盗みについてこれほどまでに、節操のある人々を見た事がありません。」（フランシスコ・ザビエル1549年来日）『世界の偉人たちから届いた10の言葉』（ごま書房新社）
- 「不盗竊少諍訟（泥棒はいない。訴訟は少ない。）」『魏志倭人伝』

このような記述から、日本人の多くは昔から「正直で盗みを嫌う」道徳性をもっていたことがわかる。

生徒には「今も日本人は正直であるといえますか」と発問する。議論が起こることだろう。さらに「あなた自身は正直ですか」と発問することもできる。自己を見つめさせるのだ。

最後に次の指摘を提示する。今でも「正直で盗みを嫌う」道徳性が生きている。それは東日本大震災のときに証明された。あのときも「日本人の道徳」を指摘したのは外国人であった。

> この悲劇の大きさにもかかわらず、日本の人々は称賛に値するさまで振る舞っている。（中略）とりたてて言うほどの略奪も、暴動もパニックも経験していない。
>
> （米記者・ダニエル・マクドナルド『ノーザン・ライト』2011年3月29日付、別冊宝島編集部編『世界が感嘆する日本人』宝島社新書）

「盗まない」「救援物資を並んで受け取る」などは当たり前の行為である。昔も今も当たり前であるいう点に誇りをもたせたい。

5　伝統文化に基づく「日本人の道徳」

「勤労」は、学習指導要領の内容項目の一つ。国民の三大義務の一つでもある。「勤労」は「労働」とは少し違う。日本では「勤労」と言うと精神修行的な意味が付加される。日本人が仕事に精神修行的な意味を付加するのは、さまざまな分野で「〇〇道」が成立している伝統・文化の一つである。

そこで「老舗」の学習を通して、日本的仕事観を伝えることができる。苦難を乗り越えて200年以上続いている「老舗」が世界に約7000あるが、そのうち約3000が日本にある。さらに、創業年順に並べた老舗5社はすべて日本企業である（店名・国・業種・創業年）。

> 1　金剛組・日本・社寺建築・578年
> 2　慶雲館・日本・温泉旅館・705年
> 3　古まん・日本・温泉旅館・717年
> 4　法師・日本・温泉旅館・718年
> 5　源田紙業・日本・紙製品御売、印刷・771年
>
> （帝国データバンク『百年続く企業の条件　老舗は変化を恐れない』朝日新聞出版）

日本は老舗大国である。1000年以上続く強さの秘密は何か、問う。そして、老舗に伝わる社訓「カキクケコ」を示す。「感謝・勤勉・工夫・倹約・貢献」の5つである。生徒は1000年続く強さの秘密は、「人としても大切なこと」であることに気づく。

「考え・議論する」内容が重要である。

※くわしくは「日本人を育てる教育実践研究会」s-hatori1408@bay.wind.ne.jpまで。

子どものシグナルをとらえる⑥

「荒れるクラス」の根本原因は、「他者への規範意識」

―子どもの「荒れ」の底にあるもの―

増田修治●白梅学園大学子ども学部子ども学科教授

1 「学級崩壊」と不登校のダブルパンチ

教師6年目の男性教諭である佐々木先生(仮名)は、はじめて6年生を担任することになりました。佐々木先生は、5年生から担任していましたが、そのときから荒れが目立っていました。子どもたちが授業を聞かないのはもちろん、集団で万引きするなど、次々と問題を起こしました。

そのたびに、研究会で話し合って方向性を考え合っていきました。その結果、少しずつよい方向に向いていく手応えを感じることができるようになりました。そして、クラス替えをした6年生を担任することになったのです。

しかし、そうした意欲を裏切るように、6年生になった子どもたちの行動は、エスカレートしていきます。授業を聞かないだけでなく、授業の妨害をします。暴言や暴力も広がっていきました。佐々木先生は、虚しさと闘いながらもがんばり続けました。

そこに、6月になって、落ち込みにさらに追い打ちをかける出来事が起きました。A君という男の子が不登校になってしまいました。佐々木先生は、A君に「学校に来なくなった理由」をていねいに聴きとりました。

すると、プールの着替えのときに、ほかの男の子からの「パンツ下ろし」があったことが、ぽつぽつと語られました。さらに、聴いていくと、5年生の宿泊学習のお風呂で、性器の大きさをからかわれ、その後も廊下などで下半身を触られ、からかわれていたことがわかっていきました。

また、クラスの男子17人中8人から、いじめられていることも語られたのです。

私が、佐々木先生に、「5年生の担任は、誰だったの?」と聞くと、自分だったと答えました。そして、5年生のときのお風呂場のトラブルや、そのあとの事実も把握していなかったことがわかりました。

2 教師を信頼しなくなったA君

A君は、性的なことがらであることから、5年生のときに、佐々木先生に相談できませんでした。でも、本当は、「いじめられていること」や「下半身のことでからかわれていること」をわかってほしかったのです。

けれども、そのことを言えないまま5年生が終わります。そして、「6年生になれば大丈夫だろう」との望みをもって進級したに違いありません。しかし、再度、下半身についてのトラブルが起きたときに、「5年生に引き続いて、6年生でも先生が救ってくれなかった」との思いをもったのです。それはまさに、教師を信頼しなくなった瞬間でした。A君はそのことも語ることなく、不登校になりました。それがA君のできる精いっぱいの行動だったのです。

また、A君の下半身のことを、この男の子たちは、「あいつの性器、でかいんだぜ!」といった具合に、女子に何らかの形でしゃべっていたに違いありません。思春期の子どもにとって、それは不登校に必然的にならざるを得ない状況でした。

3 クラスの状況

ここで、クラスの状況を説明したいと思

います。

男子は17人中8人がいじめと授業妨害をしています。宿題もまったくやってきませんし、掃除や給食当番もやりません。残りの9人中6人も、この行為に同調気味です。残り落ち着いているのは、たったの3人でした。この3人も、実際は「我関せず」といった姿勢です。

女子は全員で20人ですが、3人が宿題をほとんどやってきません。残りの17人はしっかりやっていますが、「自分だけよければよい」といった雰囲気だそうです。これらの女の子も、はじめは8人の男の子に注意をしていました。しかし、「うるせえな！」とか「おまえは黙ってろよ！」と反発されてしまい、言うことを聞いてくれませんでした。それを見た佐々木先生が、「そうじゃないんじゃないの？」と言うと、「女の子ばかり守りやがって！」と吐き捨てるように言ってきました。こうしたことが続くにつれて、女子は「自分を守ろう」とするようになりました。

佐々木先生の学年は、体力テスト・学力テストともに、市の平均を大きく下回りました。そのため、「やったってできない」という思いをもっている子が数多くいました。いじめをしている男子8人と女子の3人が、とくにその思いを強くもっているようでした。

4 問題の根っこは、「他者への規範意識」

荒れているクラスの原因は、「子ども本人の規範意識の低さ」と思われている方が多いと思います。しかし、そうではないのです。

つい最近、「小学生の規範意識と学級の荒れ」（加藤弘通、太田正義、『心理科学』第37巻第1号、２０１６年6月）という興味深い調査結果が報告されました。その論文によると、「通常学級と困難学級の児童の規範意識に有意な差が見られなかった」「困難学級の児童は、他の児童の規範意識を低く見積もる傾向がある」というのです。

つまり、「周りの人はきまりを守っていない」と認識しているということです。「赤信号、みんなで渡ればこわくない」という状態になっているのです。

実際に、佐々木先生のクラスでは、いじめをしている8人と同調気味の6人を含めた14人の男子が、注意しても聞かないだけでなく、「あいつだってやってるじゃないか」「あいつもクラスのルールを守っていないから、オレも守らない！」と言い返してくるのです。

荒れているクラスの子どもたちは、「他者への規範意識」が低いのです。こうした、他責タイプの子どもたちに共通することは、自尊感情が低く、「わがまま」「俺様」「お子様」状態になっており、指導が入りにくいことです。こうした感情は、多分に親の会話や意識が反映している場合が多いのです。親が、「〇〇君は悪い」「〇〇先生はダメ」といった形での発言を頻繁にすることを通して、「自分以外の人が悪い」という意識を植えつけている可能性があります。

実際、佐々木先生のクラスで、いじめをしていた子どもの親に話をすると、「我が子も悪いかもしれないけど、ほかの子もやっている」「ほかの子はどうなんですか！」と言ってくるそうです。また、クラスの親全体が、子どもに対して否定的というより、「無関心」だそうです。「無関心」というのは、究極のネグレクトです。子どもたちの自己肯定感が育たないのも無理はありません。

こうした荒れを改善していくのは、「他律的自立」（他者への信頼感から、自分もそうなりたいと思うこと）です。そのためには、親と一緒になって子どもの「自尊感情」を育てていくことがポイントになります。子どものよい点をなるべく伝え合うようにしていくことです。子どもの悪口をお互いに言い合っていても、何も解決しません。子どものよさを共有し合っていくことを通して、子どもに「自分もまんざらではないな」と思わせることが、「学級崩壊」を克服していく大きなカギになるのです。

資質・能力の3つの柱と評価のあり方

石井英真● 京都大学大学院教育学研究科准教授

「内容ベース」から「資質・能力ベース」へと学習指導要領が改訂されるなかで、
「評価」の観点はどのように変わるのだろうか。
そして、それら観点別の評価は
どのように行えばよいのだろうか。

1 学力の質的レベルに応じた評価方法のデザイン

「主体的・対話的で深い学び」を通じて育まれる資質・能力の評価について、資質・能力の3つの柱との整合性をもたせるべく、新学習指導要領では、現行の観点別学習状況の評価の4観点(①知識・理解、②技能、③思考・判断・表現、④関心・意欲・態度)を、より直接的に学力の3要素に対応させた3観点(①知識・技能、②思考力・判断力・表現力、③主体的に学習に取り組む態度)に整理する必要性が提起されている。そして、資質・能力をバランスよく評価するために、知識量を問うペーパーテストのみならず、パフォーマンス評価をはじめとする多面的・多角的な評価方法を用いていくことが必要だとされている。

「アクティブ・ラーニング(AL)の評価」という言葉もしばしば耳にするが、そうした問題の立て方は、学習を通してどんな力を育てたいのかという目標に関する問いを伴わないとき、学びの証拠集めはしても改善につながらない、「評価のための評価」に陥ることが危惧される。「ALの評価」は「(ALを通じて育成すべき)資質・能力の評価」とされるべきであって、「指導と評価の一体化」の前に、「目標と評価の一体化」を追求する必要がある。願いやねらいをもって子どもたちに意識的に働きかけたなら、それらが実現されたかどうかを確かめる方向に自ずと教師の思考は進むはずである。目標と評価を結びつけて考えることで、指導と評価も自ずとつながってくるのである。

目標を明確化し、適した評価方法を設計していくうえで、学力の質的レベルに注目することが有効である。ある教科内容に関する学びの深さ(学力の質)は、下記の3層で捉えることができる。個別の知識・技能の習得状況を問う「知っている・できる」レベルの課題(例:穴埋め問題で「母集団」「標本平均」等の用語を答える)が解けるからといって、概念の意味理解を問う「わかる」レベルの課題(例:「ある食品会社で製造したお菓子の品質」等の調査場面が示され、全数調査と標本調査のどちらが適当かを判断し、その理由を答える)が解けるとは限らない。さらに、理解(「わかる」)を伴って個別の概念をつかんでいるからといって、実生活・実社会の文脈における知識・技能の総合的な活用力を問う「使える」レベルの課題(例:広島市の軽自動車台数を推定する調査計画を立てる)が解けるとは限らない。

学力の質的レベルに応じて適切な評価方法を選ぶことが重要である。「知っている・できる」レベルであれば、穴埋め問題や選択式の問題など、客観テストで評価できる。たとえば、「三権分立の三権を答えよ」といった具合である。しかし、「わかる」レベルについては、知識同士のつながりとイメージが大事であり、ある概念について例を挙げて説明することを求めたり、頭のなかの構造やイメージを絵やマインドマップに表現させてみたり、適用問題を解かせたりするような機会がないと判断できない。「三権分立が確立していない場合、どのような問題が生じるのか」を説明させたりするわけである。さらに、知識を使いこなして現実世界の問題について判断したり解決したりできるかどうか、三権分立という観点から見たときに、自国や他国の状況を解釈し問題点等を指摘できるかどうかは、それを実際にやらせてみないと評価できない。そうして実際に思考を伴う実践をやらせてみてそれができる力(実力)を評価するのが、パフォーマンス評価である。

2 情意領域の評価と観点別評価

資質・能力の評価という場合に問題となるのは、主体的な態度などの情意領域の評価をどうするかという点である。中央教育審議会答申(以下、中教審答申)では、「主体的に学習に取り組む態度」(以下、「主体的…態度」)という観点と、資質・能力の3つの柱の1つとして示された「学びに向かう力・人間性」との関係について、以下のように説明している。すなわち、「学びに向かう力・人間性」には、「主体的…態度」として観点別評価を通して評価できる部分と、感性や思いやり等の観点別評価や評定にはなじまず、個人内評価により個々人のよい点や可能性や変容について評価する部分がある。また、「主体的…態度」については、挙手の回数やノートの取り方などで評価するのではなく、「子供たちが自ら学習の目標を持ち、進め方を見直しながら学習を進め、その過程を評価して新たな学習につなげるといった、学習に関する自己調整を行いながら、粘り強く知識・技能を獲得したり思考・判断・表現しようとしたりしているかどうかという、意思的な側面」(62ページ)によって評価するべきだとされている。

情意の中身を考える際には、学習を支える「入口の情意」(興味・関心・意欲など)と学習の結果生まれ学習を方向づける「出口の情意」(知的態度、思考の習慣、市民としての倫理・価値観など)とを区別する必要がある。授業態度などの入口の情意は、授業の前提条件として、教材の工夫や教師の働きかけによって喚起するものであり、授業の目標として掲げ意識的に評価するものというよりは、授業過程で、学び手の表情や教室の空気から感じるものであり、授業の進め方を調整する手がかりとなるものだろう。これに対して、批判的に思考しようとする態度などの出口の情意は、授業での学習を通してこそ子どものなかに生じる価値ある変化であり、目標として掲げ得るものである。

観点別評価の「主体的…態度」の評価については、「出口の情意」としてそれを捉えていくことがまずは重要である。また、中教審答申で、「複数の観点を一体的に見取ることも考えられる」(62ページ)とあるように、「主体的…態度」を単体で独立させて評価するよりは、「思考力・判断力・表現力」と合わせて評価していくようにするのが妥当である。

「思考力・判断力・表現力」という場合、比較・関連づけや構造化など、特定の内容の習得・適用に関わる「わかる」レベルの思考力と、意思決定や問題解決など、文脈に応じて複数の知識・技能を総合する「使える」レベルの思考力との違いを意識することが有効だろう。先述の学力の3層構造をベースに考えるなら、たとえば、観点別評価は次のように捉えることができよう。すなわち、知識・技能の観点は、おもに「知っている・できる」レベルに対応するものとして、「思考力・判断力・表現力」のうち、ペーパーテストでも測れる部分は、おもに「わかる」レベルに対応するものとして捉える。そして、ペーパーテスト以外の思考を試す課題については、「使える」レベルの学力を育む問いと答えの間の長い学習活動(思考のみならず、粘り強く考える意欲や根拠に基づいて考えようとする知的態度なども自ずと要求される)として設計し、「思考力・判断力・表現力」と「主体的…態度」の両方を評価する機会として位置づけるというわけである。

サークル紹介●37

授業で語る

教員サークル「わっしょい!」

久保田健祐●教員サークル「わっしょい!」代表

本サークルは、活動を始めて今年で12年目を迎える。

志を共にする仲間と学びの場を求めて開催した第1回目の授業づくり講座。講師の招聘《しょうへい》や運営は有志で担当し、参加者を募って開催したのが本サークルのはじまりである。その後も、3カ月に1回のペースで開催してきた。参加者は回を重ねるごとに増え、今では100人近くの参加者と共に学び合っている。

算数授業づくり講座を開催したときの様子。100人近くの参加者が集まった。

インプットする場としての役割が多かった本サークルの転換点は、3年目。筑波大学附属小学校の算数部の先生を招聘したときであった。算数授業の楽しさを心から語る姿に感銘を受け、自分たちもそうなりたいと強く感じた。そして、「自分たちも発信していく場をつくろう!」という思いが生まれ、講座の中でワークショップを行うようになった。

ワークショップに向けては、教材研究会、見合う会を重ねた。会議室を借り、朝から晩まで授業に対してとことん向き合った。

5年目からは、授業づくり講座とは別に、定例会を開催している。毎月第2水曜日の18時半からの2時間。活動内容は、模擬授業と授業ビデオ提案を行い、その授業について語り合っている。公立、附属、私立と勤務校もさまざまな仲間が集まり、多面的な角度から協議し合えるのは、毎回大変おもしろい。協議会では、経験年数や立場など関係なく、各々の授業観で意見をぶつけ合うことを大切にしている。授業の本質に迫るような議論をすることで、授業を見る目を鍛え、授業の力量を高め合っている。

また、参加者には新任の先生も多いため、率直な感想をありのままに伝えることも大切にしている。多様な意見が出ることにより、新たな視点を得ることができている。この「さまざまな視点を得ること」こそが、サークル活動の本質であると考える。

本サークルは、教員サークル「わっしょい!」のフェイスブックを通して、定例会や授業づくり講座を案内し、活動の様子も紹介している。さらに、サークルのメーリングリストに登録している先生には、定期的に案内メールが送られている。参加の申し込みや参加条件などはなく、経験年数に関係なく、近畿一円から多くの先生が参加している。今では、毎回20人近くが拠点である西宮に集うようになっている。

定例会での様子。提案授業についての協議会は、いつも白熱している。

日々の業務に追われ、疲労もあろうかと思うが、熱意ある参加者は、むしろこの会でエネルギーに満ちて帰っているように感じる。定例会後の会話でも、まだ授業について語る様子がある。熱心で、前向きで、力をつけたいと思っている仲間によって本サークルの活動は続けられている。

そして、今後もそんな仲間と多く出会いたいと願っている。

【連絡先】
kenworld28@yahoo.co.jp
くぼた・けんすけ●兵庫県西宮市立鳴尾東小学校

合言葉は「国語力は人間力」

さざなみ国語教室

吉永幸司●さざなみ国語教室代表

1　子どもと国語と授業

サークル創立から40年を数えています。はじまりは、作文教育が大好きな仲間の集まりでした。月例会を重ねる過程で、子どもの作文や日記を読み合うだけでなく、子ども・国語・授業を大事にして、教師力を鍛えようということを目的にしました。

現在は、国語教育を中心にしています。サークルでは、年度はじめに年間研究テーマと授業実践の提案者を決めています。

教材研究、授業を大事にする考え方は変わっていません。提案の資料を見る視点は次の3つです。

●子どもがいきいきと学習を進めている授業であったか。

●発達段階を見通して、日常の学級づくりの成果が生きた授業になっていたか。

●子どもの言葉の力が育っていると言える姿が、授業記録のどこに表れているか。

2　模擬授業で指導力を鍛える

サークルの会員には、ていねいな授業をつくっている人、日記指導に熱心な人、読書指導で成果をあげている人、学級通信で国語力の伸ばしている人、俳句・短歌に通じている人がいます。会員による演習、あるいは模擬授業の形で学び合いをします。

教室の子どもを思い浮かべながら授業を考え、日記の指導を受けます。子ども心を知り、自ら人間力を高めたいという熱い気持ちで学びの雰囲気に浸る時間です。

また、国語教育を学び合うサークルなので、「自らも書く、読む」ことを重視しています。

3　「参加してよかった」と思える月例会

日頃、学校では、目の前の出来事に追われ、子どもの心を見逃すことがあります。サークルで大事にしているのは、子どもの心に近づくということです。

会員が貴重な時間をサークルに充てていることから、最初の頃は「よい授業とは何か」ということを考え、「きてよかった」「明日からもがんばろう」という月例会にしてきました。今後は「子ども」を主語にした話題について、具体的な指導方法の交流を大切にしていきたいと考えています。

4　機関紙発行で実践を残す

創設以来、機関紙『さざなみ国語教室』を授業実践を中心に毎月発行しています。巻頭にはサークルに理解ある諸先生方に原稿をお願いし、玉稿をいただいています。

日記がサークルのはじまりですから、「子どもに文章を書かせるなら、教師も書く」という考えは不変です。毎月、書くという課題は文章量の多少にかかわらず、緊張します。

授業の反省点を見つけ、改善ができること、子どもの生活から温かい場面や言動を見つける教師力が育っている手応えを感じています。

5　合言葉は「国語力は人間力」

国語は授業で完結するのではなく、日常生活や生きる力に響くものであってほしいという願いが、サークルが長く続いているエネルギーです。

「国語力は人間力」が合言葉です。子ども・言葉・心を大事にしています。公開のサークルで、1日だけの参加も大歓迎です（定例会は毎月第3土曜日午後）。

【連絡先】
yoshi-a@sunny.ocn.ne.jp
よしなが・こうし●前・京都女子大学附属小学校

つながりの中で育つ教師集団

教員と教員志望のためのサークル　Tサークル

柴﨑　明●Tサークル代表

1　全国の学校の先生を元気に

2008年3月に、現職教員1名(筆者)と教員志望者2名の合計3名で始めた小さなサークル、それがTサークルでした。

きっかけは一人の小学校教員の自殺でした。理想を抱いて教育現場に入ったのに、現実とのギャップを誰にも相談できず、一人で問題を抱えていた新任の教師は、保護者会の前日に、学校で自殺しました。その先生と直接の知り合いではありませんでしたが、ひとごととは思えませんでした。精神疾患により、休職を余儀なくされた多くの先生方や、相次ぐ若手の先生方の悲しい知らせに接するとき、私もいつか同じ道をたどるのかもしれないと思うと、いてもたってもいられませんでした。

職員室ではない、どこか違う場所で、違う学校の先生方や教員を志望する仲間がつながる第3の場があれば、元気な先生方が少しずつでも増え、学校全体の雰囲気が柔らかく、明るくなるのではないか。そのような志でサークルをスタートさせました。

毎月約30名が参加するサークルとなりました。現在も毎回のように新しい参加者の方が来てくださり、ともに学んでいます。参加者は中高の現職教員、小学校の現職教員が多く、教員志望者の参加は1割程度です。

2　3つの目標

①つながりのある居場所をつくる
②教職における専門性・実践力をつける
③教員としての目標(ロールモデル、哲学)を見つける

3　活動内容

このような活動目標をもとに、次のような活動をしてきました。

勉強会　学級経営や生徒指導、学習指導などにおける理論、実践を学ぶために企画しています。新学習指導要領を読んだり、カウンセリング実習、株式会社ＬｏｉＬｏと連携してＩＣＴ教育の一端を体験したりするなど、有意義で実践的な活動をしています。2015年7月には、終戦70年記念として、広島で被爆された方を実際にお招きして、お話をうかがう会もしました。

模擬授業研究会(もぎけん)　普段の授業公開をめざして、模擬授業を行っています。教科ごとに教材を同じにして授業づくりを学んだり、アクティブ・ラーニング型授業という一つのテーマに絞って、いろんな教科の先生に授業をしていただくなど、お互いがお互いから学ぶ研究会を実施しています。

講演会　教師としてのロールモデルを見つけることをめざして、定期的に講師をお招きして、お話をおうかがいしています。工学院大学附属中学校教頭で2015年度グローバルティーチャー賞にノミネートされた高橋一也先生をはじめ、コーチングで知られる横浜市小学校教諭山田将由先生、自治的集団づくりで知られる横浜市小学校教諭松下崇先生にお話をしていただきました。今後も数多くの先生方にご登壇いただきたいと思っています。

それぞれの会が有機的につながり、現場の教員が元気になる第3の場として、これからもTサークルが長く先生方の居場所となるようにがんばります。先生方もぜひご参加ください。

【連絡先】
https://t-circle.jimdo.com
https://www.facebook.com/tcircle.teachers/
@tcircle_teacher
t-circle@hotmail.co.jp

※教員、または教員を志望する学生、社会人の方であれば、どなたでも参加することができます。

しばさき・あきら●神奈川県内私立中高一貫校教諭

サークルの刺激で成長する
サークルやまびこ

中嶋　敦●岡山県津山市立新野小学校

1　サークルやまびこの誕生

森康行・古川光弘・後藤義郎の3人が平成3年に結成。「やまびこを全国にとどろかせろ！」を合言葉に、活動を展開してきた。

翌年、中嶋が加わって4人で書き上げたサークル単著『楽しい授業参観のアイデア36例』（明治図書）が15刷ものヒットとなり、以後次々と出版のチャンスを与えられた。現在、サークル単著20冊の歩みを刻んでいる。個々で著書を複数出しているメンバーもいる。

また最近は、メンバーそれぞれで講演会、学習会などを主催したり、講師として招かれたりする機会も多い。南恵介・高本英樹・岡田広示・岸本勝義らも、全国を舞台に活躍している。メンバーは、正確には何人かわからない（笑）。来る者こばまず去る者追わずで、絶えず増減を繰り返しているからだ。現在は12名といったところか。おもしろいのは、県を超えてさまざまな地域からメンバーが集まっていることだ。片道2時間半かけてサークルに来るつわものもいる。自分が当たり前と思っていることでも、地域が違えばやり方も考え方もまったく違う。その驚きも新鮮である。

2　サークルやまびこの活動

サークルは原則月に1回。岡山県美作市と兵庫県佐用町のメンバーの自宅で、交互に行っている。当初は毎週のように行っていたが、メンバーの成長とともに回数を減らしてきた。

サークルの基本は、実践交流だ。1回2時間程度のサークルになるが、レポート、指導案、学級通信、子どもの作品、何でも持ち寄って意見を出し合う。

結成初期の頃は提案物が斬られまくりで、活気というか殺気というか、すごい勢いがあった。怖い反面、自分の提案が斬られなかったときは、「斬られる対象にもならないか……」と悔しさを感じるほどでもあった。

現在は、メンバーも丸くなり（笑）、サークルの雰囲気もずいぶん和やかになった。それぞれの専門性が深まると同時に、興味も分かれてきたため、新たな気づきをもらえる交流の場に変容してきている。若者も加入してきて、中堅以上のメンバーには「育てる」という意識も大きくなってきた。記録として綴っている『サークル通信』は８００号を超えた。

平成15年には、メンバーが尊敬する故有田和正氏が主催していた教材・授業開発研究所の全国大会を岡山で開催し、同ＭＬを立ち上げた。会員も５００名を超し、日本全国の方々と日々情報交換を行っている。さらに、ヒートアップ講座という、サークルメンバー＋講師を招いて参加者とともに学ぶ会を主催している。この講座も20回を数える。

しかし、冒頭にも少し触れたが、サークルをベースに、メンバー個々が好きなように自ら学び、発信しているのも、サークルやまびこの特徴かもしれない。

3　サークルで大切にしたいこと

やまびこのメンバーは全員、「今の自分があるのはサークルのおかげである」ことを認識している。それは、「子どもにとって少しでも価値のある教師になりたい」という同じ志をもった仲間が縁あって集い、信頼し合い、刺激し合いながら修行を重ねてきたからだ。

新たな仲間も、いつも募集中。共に成長し続けませんか。

【連絡先】
furu1962@meg.winknet.ne.jp
古川光弘●サークルやまびこ代表

執筆者紹介（執筆順）

志水廣●しみず・ひろし
愛知教育大学名誉教授
◆教師歴43年。「授業力アップわくわくクラブ」「志水塾」代表。著書『算数授業のユニバーサルデザイン』(明治図書)、DVDなど104冊。◆文章題や図形などの難しい問題が解けたとき、すっきりするから。

横山験也●よこやま・けんや
株式会社さくら社代表取締役社長
◆教師歴24年で退職。「チーム算数」主宰。著書『子どもが夢中で手を挙げる算数の授業』(全30巻、さくら社)、『絵ときさんすうじてん』(小学館)ほか130冊ほど。◆算数は小学校1年生のときから好き。好きになったきっかけはない。

藤條亜紀子●とうじょう・あきこ
東京都板橋区立赤塚小学校
◆教師歴17年。「数学教育協議会」所属。◆小学校の頃から、難しい問題にめぐりあうと、ワクワクしました。大人になってから、わかったこともたくさんあり、今も算数学習中です。

森川みや子●もりかわ・みやこ
東京都小金井市立小金井南小学校
◆小金井市、武蔵野市で小学校教員を経験。「数実研北多摩算数サークル」所属。著書『体験から学ぶ算数』(きょういくネット)。◆4年生を受け持ち、2桁のわり算ができないS君に出会い、正義感が目覚めました。「何とかできるようにしてあげたい」。これが算数教育にかかわるきっかけです。知ると楽しい世界が広がる算数、数学です。

岸本ひとみ●きしもと・ひとみ
兵庫県稲美町立天満東小学校
◆教師歴38年。「学力研」事務局長。著書『算数アクティブ授業術』(フォーラム・A)など。◆算数は指導する側が少し工夫をすれば、楽しく力をつけることができます。授業時の子どもたちの輝くような笑顔が大好きです。

小笠毅●おがさ・たけし
遠山真学塾
◆著書『ハンドブック子どもの権利条約』(岩波ジュニア新書)、『教えてみよう算数』『教えてみよう数学』(以上、日本評論社)。◆「数楽」がおもしろくなったのは、分数のわり算で、なぜひっくり返すのか、マイナス×マイナスが、なぜプラスになるのかがわかったとき。

井出誠一●いで・せいいち
長野県岡谷市立岡谷田中小学校
◆教師歴31年。「授業力アップセミナー志水塾長野」代表。共著『こうすればもっとよくなる算数授業』(明治図書)。◆一つの答えにたどり着くのに、いろんな考え方があること。

諸岡朋子●もろおか・ともこ
東京都港区立白金の丘小学校
◆教師歴12年。「数学教育実践研究会」所属。◆1、2年生のときは、算数になるといつも泣いていました。教師になっても、算数の指導に悩んでいましたが、研究を始めて、「こんな授業をやりたい」と思えるようになってきました。

樋口理恵●ひぐち・りえ
東京都公立小学校
◆教師歴10年。「白梅教育実践研究会」所属。◆算数を好きになった理由は、難しい問題に出会ったときに、自分のもっている知恵を組み合わせてよく考えると、すっきりと解くことができた経験から。

下石暢彦●しもいし・のぶひこ
宮崎県都城市立明道小学校
◆教師歴16年。「日向教育サークル」所属。◆算数が好きになった理由は、志水廣先生との出会いです。志水先生と出会ったことで、「○付け法」を知り、教師としての在り方が定まりました。

八ッ橋祐太●やつはし・ゆうた
千葉県松戸市立南部小学校
◆教師歴13年。教育サークル「ガウスの会」「千葉算友会」所属。共著『研究授業で使いたい！算数教材20(低学年)』(東洋館出版社)など。◆算数は気がついたら好きでした。勉強全般苦手でしたが、算数だけは人並みにできたからだと思います。とくに、図形の学習がパズルを解くような感覚で大好きだった。

平川賢●ひらかわ・さとし
千葉大学教育学部附属小学校
◆教師歴16年。「千葉算友会」所属。著書『これで解決！ 算数の『教材・指導案・授業』づくり』(東洋館出版社)。◆幼稚園のときに、友だちが通っていた公文式を、まねして行き始めたのが算数を学び出したきっかけです。

森居昭●もりい・あきら
宮城県松島町立松島第二小学校
◆教師歴20年。「松島指導力向上ルネサンス」所属。◆教師4年目31歳のとき、学年主任から「毎日授業のある教科で勝負できる教師にならないとね」と誘われたのがきっかけです。はじめは算数の授業がうまくいかず、「10分で終わったね」なんてことも。今では、子どもとともにつくる算数の授業が毎日楽しいです。

佐々木智光●ささき・ともみつ
千葉県佐倉市立染井野小学校
◆教師歴27年。「チーム算数」所属。共著『すぐ役立つ・すぐ使える 小学校コピー資料集 3年』(ひまわり社)。◆ともに活動している横山験也先生の「カマキリライダー180度」などの楽しい実践を学級で追試したら、児童の反応がよく、しかも理解しやすかったことがきっかけです。

福山憲市●ふくやま・けんいち
山口県下関市立吉見小学校
◆教師歴34年。「学び集団ふくの会」主宰。著書『国語授業が100倍盛り上がる！面白ワーク&アイテム大事典』『作文指導のネタ事典』(ともに明治図書)など。◆算数が好きになったきっかけは、小6の担任の先生が、連立方程式を教えてくれたこと。文章題がおもしろいように解けた瞬間に大好きになった。

秋田敏文●あきた・としふみ
東京都世田谷区立弦巻小学校
◆教師歴38年。「数学教育協議会」所属。著書『いきいき算数6年の授業』(ひまわり社)など。◆算数が好きになった理由は、筋道立てて考えると問題が解けていくのがおもしろかったからです。

鶴岡武臣●つるおか・たけひと
東京都八王子市立弐分方小学校
◆教師歴26年。「常算研」「志算研」所属。◆「子どもにとって、算数って嫌いな科目なのでは？」と思って、研究会に入ったことがきっかけです。

二ノ神聡●にのかみ・さとし
宮城県白石市立福岡小学校
◆教師歴30年。「松島指導力向上ルネサンス」所属。論文「数学的思考力・表現力を育てるノート指導のあり方」。◆かけ算の九九をクラスで2番目に早く覚えて、先生にほめられたこと。

◆ 最後に先生自身が「算数を好きになった理由」「数学を好きになるきっかけとなった出来事」を教えていただきました。

蓑手章吾●みのて・しょうご
東京都小金井市立前原小学校
◆教師歴10年。「ユニット授業研究会」所属。共著『全員参加の全力教室2』『知的障害特別支援学校のICTを活用した授業づくり』(ジアース教育新社)。◆教えてあげた友だちができるようになったとき。教師を志すきっかけでもあります。

三好真史●みよし・しんじ
大阪府堺市立鳳南小学校
◆教師歴9年。「大阪ふくえくぼ」代表。著書『子どもが変わる3分間ストーリー』(フォーラム・A)、『子どもがつながる! クラスがまとまる! 学級あそび101』(学陽書房)。◆「目線の角度と大木までの距離さえわかれば大木の高さがわかる」と学んだとき驚きました。算数を学べば世界が違って見えてくるところが好きです。

日下勝豊●くさか・かつとよ
東京都町田市立小山ヶ丘小学校
◆共書『すぐに役立つクラスづくり50のわざ』(日本標準)、『Q＆A77 学級づくりステップアップ』『シリーズ算数の力を育てる』『小学校算数全授業少人数・習熟度別ガイドブック』(以上、東洋館出版社)など。

二宮大樹●にのみや・だいき
昭和学院小学校
◆教師歴10年。「千葉算友会」所属。◆教員になり、「わかった!」と子どもたちが笑顔になる瞬間に気づいたことがきっかけです。

加藤百合絵●かとう・ゆりえ
愛知県春日井市立東高森台小学校
◆教師歴3年。教育サークル「カキツバタ」所属。◆小学生のとき、母や祖父が問題の解き方を一緒に考えてくれる時間が楽しかったからかもしれません。

尾上康真●おのえ・やすまさ
兵庫県尼崎市立浜田小学校
◆教師歴11年。教育サークル「教育会」「あまから」所属。◆正直、算数は苦手でした。中学2年生のとき、図形の証明の単元で、数学が好きになりました。どうやら根っからの文系だったようです。

神藤晃●かんどう・あきら
群馬県太田市立生品小学校
◆教師歴28年。◆6年生のとき、「割合」のテストがクラスで一人だけ100点だったこと。しかし、そこで「運」を使い果たしたようで、その後の成績は振るわず……。

増谷剛●ますたに・つよし
栃木県宇都宮市立上河内中央小学校
◆教師歴7年。「ユニット授業研究会」所属。◆「分数」や「小数」、「0」などの起源(なぜ?)について問いはじめたとき。

広山隆行●ひろやま・たかゆき
島根県松江市立大庭小学校
◆教師歴20年。「松江教育サークル」代表。著書『子どもが変わる局面指導』(日本標準)ほか。◆高校のとき。ノート数ページを使い、難問をやっと解き終えた達成感・解放感。そして、正解した感動・感激!

山下愛加●やました・あいか
神奈川県大和市立大和小学校
◆教師歴2年。教育サークル「カキツバタ」所属。◆正直言うと、自分自身は算数・数学の問題を解くのがあまり得意ではありません。しかし、昨年度担任をした子に、「先生のおかげで算数の勉強が好きになった」と言われたとき、はじめて私も算数を好きなのかもと感じました。現在6年生の担任ですが、昨年同様子どもたちが「算数好き」と言えるような授業づくりに励んでいます。

連載執筆者

羽鳥悟●はとり・さとる
群馬県渋川市立伊香保中学校
◆教師歴32年。「深澤道場」所属。◆数学は中学校までは好きでした。自力で解けたからです。高校で嫌いになりました。自力で解けなくなったからです。明暗、浮き沈み、天国と地獄……人生の厳しさを数学から学びました。

石井英真●いしい・てるまさ
京都大学大学院教育学研究科准教授
◆最新刊『小学校発 アクティブ・ラーニングを超える授業――質の高い学びのヴィジョン「教科する」授業』(日本標準)が好評。◆ただ解くだけでなく、解き方の解説やさまざまな別解を納得いくまで考えて、ほかの人にもわかりやすく説明・論証するのが楽しかったから。

編集委員

杉渕鐵良●すぎぶち・てつよし
東京都北区立梅木小学校
◆教師歴35年。教育サークル「ユニット授業研究会」主宰。◆算数は、いまだに好きではありません(笑)。人生はわりきれないことに氣づいたから(笑)。

鈴木健二●すずき・けんじ
愛知教育大学教育実践研究科教授
◆1957年宮崎県生まれ。「日向教育サークル」代表。最新刊の著書『道徳授業をおもしろくする!』(教育出版)。◆小学校6年生の算数の時間、問題の解き方を発表したら「鈴木式だね!」と言ってもらい、うれしかったこと。

土作彰●つちさく・あきら
奈良県広陵町立広陵西小学校
◆教師歴27年。「学級づくり」改革セミナー主宰。『子どもを伸ばす学級づくり』(日本標準)、『絶対に学級崩壊させない ここ一番の「決めゼリフ」』(明治図書)など。◆中2のときに塾の先生に質問しに行ったら、「よい質問だね。最近数学をよくがんばっているね!」とほめてもらえて自信がつきました。ただし、数学はそのときも今も決して「好き」ではありません(笑)。

深澤久●ふかさわ・ひさし
教育サークル「深澤道場」主宰
◆1955年生まれ。前・群馬県公立小学校教師。著書に『道徳授業原論』『鍛え・育てる――教師よ!「哲学」を持て』(ともに日本標準)などがある。

増田修治●ますだ・しゅうじ
白梅学園大学子ども学部子ども学科教授
◆1958年生まれ。教師歴28年、その後大学で9年。「白梅教育実践研究会」主宰。著書『「いじめ・自殺事件」の深層を考える』(本の泉社)、『「ホンネ」が響き合う教室』(ミネルヴァ書房)ほか多数。◆算数が好きになったのは、小学校5・6年の担任が、算数の教え方が上手だったから。

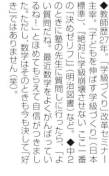

編集後記

■ある本を読んだ。ラーメン一筋の方の本である。毎日研究し、よりよいスープをつくる。毎日少しずつ変える。自分の意志で。天候、その他の条件で。毎日変化させて50年。

陸上、山縣選手のスタート。ちょっとしたことで、劇的にタイムが変わる。微差を追求すると……世界と対等に戦えるようになる。

あるアナウンサーの話を聴いた。フリーになった理由。お金ではない。ある年齢になると、現場以外の仕事が入ってくる。管理職として、いろいろな仕事がある。現場の仕事に集中できるのがフリー。だから、その道を選んだ。

みんな、毎日全力で生きる。「これでよし」はない。追求、追究し続ける。50年継続する。

私は、まだ35年。

生涯一教師道を進むのみ。

（杉渕）

■夏は、研修会の季節である。小学校では、来年4月から道徳が教科になるためか、道徳の授業づくりについての講演依頼が圧倒的に多い。

多くの教師の関心は、道徳の授業づくりに向けられている。しかし、私が強調するのは、「感性を磨く」ということである。感性は、どのような職業にも求められる重要な資質である。一流の仕事をしている人は、感性が豊かである。教師も同様である。感性の豊かな教師ほど、質の高い道徳の授業を生み出すことができる。

「感性を磨く」ためにお勧めしたいのが、優れた芸術作品に触れることである。先日訪れた三菱一号館美術館では、ダ・ヴィンチやミケランジェロの素描を堪能した。天才がいかに基本を大切にしていたかを改めて感じることができた。

夏は、感性を磨くチャンスである。

（鈴木）

■今回のコラムでは、今も脈々と息づく和算の魅力を紹介しました。執筆に際し、10冊ほどの文献にあたることになりました。今までいろいろなミニネタを集めてきましたが、私のもつ算数のネタの収集量はほかの教科に比して、非常に少ないのです。おそらく、算数・数学に対して苦手意識があったからだと思います。でも、今回コラムを書くにあたり、和算のほかにも「フィボナッチ数列」や「フェルミ推定」など算数のおもしろいネタに出合うことができました。何より和算の楽しさ、奥深さに感動しています。「50の手習い(?)」で、算数・数学を今からやり直そうかなあって真剣に思っています。学ぶことはやっぱり楽しいですね。

（土作）

■去る7月17日に行われた『教師のチカラ』編集会議に初めて、准編集委員（候補?!）の方々が参加した。5月から公募を開始し6月末で締め切った結果、7人の現職教師が名乗りを上げた。平均年齢30代前半。現編集委員の平均年齢より20歳以上も若い。突然の編集会議招集にもかかわらず（旅費などは一切出ない）、6人の方が出席。中には、島根・福岡から空路で来た人も。この「やる気」が素晴らしい。とは言え、「やる気」だけでは編集企画はできない。知恵と力をどれだけ発揮してくるか、とても楽しみだ。

本号の特集は、一般的な「文章題の解き方」ではない。文章題解法力＝立式力＋計算力である。この「立式力」＝文章を数式化する力に焦点を当てた本は珍しい。

（深澤）

■「立式力を育てる」というのが、今号のテーマでした。そのため、「全国学力・学習状況調査」の状況を調べ、「立式力を育てるのに必要な論理的思考力」という側面から見てみました。それなりに、おもしろいものになったと思っていますが、いかがでしょうか。

子どもの論理を育てるのは、難しいとつくづく感じました。日々の積み重ねをしていくことが大切ですね。

また、「子どものシグナルをとらえる」という原稿については、悩みました。たえず、新しい問題行動の様子が報告されるからです。そうした問題行動の本質にあるものは、変わっていないと思います。だからこそ、子どもの行動に振り回されず、本質を見つめ続けることが必要になってきているのだと思うのです。

（増田）

購読のお申し込み方法

❶お近くの書店にお申し込みください。
❷小社特約販売代理店にお申し込みください。
❸小社から直接送本の場合は、下記のホームページよりお申し込みください。
http://www.nipponhyojun.co.jp/

■年間4回発行（4、7、10、1月初めに発売）です。
■本体1,100円＋税、年間購読料は本体4,400円＋税（4冊）です。
■年間購読の場合は、送料無料です。

子どもを「育てる」
教師のチカラ
季刊31号
2017年10月1日発行

■企画・編集
「教師のチカラ」編集委員会
NPO日本標準教育研究所

■発行者
伊藤 潔

■発行所
株式会社日本標準
東京都杉並区南荻窪3-31-18
〒167-0052
Tel. 03-3334-2630［編集］
03-3334-2620［営業］

■印刷・製本
株式会社リーブルテック

■デザイン・レイアウト
株式会社コッフェル

ISBN978-4-8208-0624-0